I
SEAUX

Dans 20 ans, que souhaitez-vous avoir fait aujourd'hui?

par l'auteur à succès d'après le New York Times

CHRIS BRADY

PRÉFACE PAR L'AUTEUR À SUCCÈS D'APRÈS LE *NEW YORK TIMES*

ORRIN WOODWARD

OBSTACLES PRESS

Titre original en anglais : PAILS

Traduit par : BGB PASSION traduction

Première édition, février 2014

Publié par :
Obstaclés Press
200 Commonwealth Court
Cary, NC 27511

chrisbrady.com

ISBN: 978-0-9964612-0-7

Mise en page et page couverture par Norm Williams, nwa-inc.com

Imprimé aux États-Unis d'Amérique

Pour être ce qu'on appelle heureux, une personne doit avoir (1) quelque chose de laquelle vivre, (2) quelque chose pour laquelle vivre et (3) une raison pour laquelle mourir. L'absence d'un seul de ces points, c'est le drame. L' absence de deux points, c'est une tragédie.

—Cyprian Norwid, poète polonais du dix-neuvième siècle

TABLE DES MATIÈRES

PRÉFACE

Quand l'auteur à succès d'après le New York Times et conférencier Chris Brady m'annonça qu'il allait m'envoyer une version imprimée de son dernier livre, j'étais intrigué. Parce que chaque fois que je lis ses œuvres, je constate que mon cerveau prend de l'expansion, mon amour est encouragé et ma résolution renforcée. Bien que je sois en partenariat avec Chris depuis près de vingt ans, je m'émerveille encore à son habileté à communiquer la vérité d'une façon désarmante. En plus, il le fait en trouvant une manière qui fait rire les gens. Sérieusement, la seule chose plus amusante que de lire un livre de Chris Brady c'est d'avoir le privilège de vous asseoir dans la première rangée quand il parle.

En tous les cas, quand j'ai reçu le livre, je l'ai dévoré en quelques heures. Heureusement, personne n'était à la maison, parce qu'il y a quelques fois où Chris m'a amené aux larmes. … Quelques fois par son humeur et d'autres fois par son intensité. Quiconque a lu le livre acclamé par les critiques de *A month of Italy (Un mois en Italie)* peut comprendre ce que je dis. Néanmoins, ce livre emprunte une nouvelle voie pour l'auteur en présentant une question importante pour les jeunes d'aujourd'hui (et les personnes de tous âges, d'ailleurs), c'est-à-dire quelle est la meilleure manière de poursuivre ses buts et ses rêves dans la vie?

En répondant à cette question, Chris développe un cadre pour la vie et le bonheur qui est innovateur et interpellant. En fait, les quatre niveaux de ziggourat de Chris sont devenus les bases pour le mentorat de mes propres adolescents pendant qu'ils se préparent pour leur cheminement à travers la vie. En commençant avec des expériences préparatoires et une occupation pragmatique, Chris explique comment ces deux couches peuvent être la fondation pour poursuivre cette quête passionnée, culminante pour enfin remplir sa vocation! Ils disent que le génie est l'habileté de simplifier ce qui est compliqué. Ainsi, le premier chapitre à lui seul qualifie Chris pour son abonnement de membre à la Mensa, en simplifiant la vie d'une personne en quatre couches qui se construisent l'une sur l'autre. Une telle vision a une valeur inestimable.

En prenant cette information, j'ai rapidement repassé en mon esprit les nombreuses personnes dont j'ai modelé, été le mentor et étudié pour confirmer la véracité de la ziggourat de la vie. Chaque personne ayant réussi utilise les principes dans ce livre, qu'elles s'en rendent compte ou non. Heureusement, avec la réalisation de ce livre, Chris offre à la prochaine génération une approche révolutionnaire pour vivre la vie qui décortique les demi-vérités et les faussetés qui retiennent les personnes de réaliser leur raison d'être dans la vie.

Enfin, quand vous prenez des conseils dans la vie, il est important d'identifier si la personne « a des fruits dans son arbre » dans le secteur qu'elle propose d'enseigner. Ayant connu Chris depuis que nous avons tous les deux été de jeunes universitaires à dix-huit ans, j'ai été béni de le voir bâtir sa ziggourat de vie. De ses expériences préparatoires dans la course de motocross à sa carrière pragmatique comme ingénieur, Chris a déposé les fondements nécessaires pour poursuivre sa passion. En fait, pendant les heures après ses journées de travail de huit à dix heures, il a développé progressivement une maîtrise dans les domaines de l'écriture, de l'art oratoire et du leadership.

Après cinq ans à peiner dans l'anonymat, Chris a percé le milieu des livres à succès (ayant vendu plus d'un million d'exemplaires en sept langues) et il a eu des engagements afin de parler autour du monde devant des milliers de personnes. En plus, il a soutenu de nombreuses œuvres de charité par sa fonction sur le conseil du ministère de *All Grace Outreach* (aide sociale en toute grâce). Sans compter que Chris et sa belle épouse Terri sont des parents éduquant leurs quatre enfants avec des esprits entrepreneuriaux. Pour terminer, je crois que les meilleurs enseignants doivent être des modèles avant de livrer leur message, et la vie de Chris Brady est vraiment un modèle d'authenticité du message qu'il révèle ici.

Orrin Woodward
Auteur à succès d'après le New York Times
Fondateur de Life

INTRODUCTION

À une époque et à un endroit où les personnes ne sont pas tenues à une profession déterminée de façon quotidienne et ne sont pas en mode survie, ils doivent plutôt effectuer eux-mêmes des choix à savoir ce qu'ils veulent faire de leurs vies. Le magicien Gandalf l'a dit d'une façon succincte dans le film *Le seigneur des anneaux : l'alliance de l'anneau*: « Tout ce que nous avons à décider c'est quoi faire avec le temps qui nous est donné. »

Toutefois, pour plusieurs d'entre nous, c'est plus facile à dire qu'à faire. Au lieu de décider, nous chorégraphions une danse autour de la non-décision, jusqu'à ce que les circonstances et les événements décident pour nous. En fin de compte, nous nous trouvons simplement *à la fin*, sans avoir suivi un plan défini ni même considérer ce qui nous identifie sur ce chemin.

Bronnie Ware, une femme qui a travaillé pendant des années avec les mourants, a écrit un article partageant « les cinq plus grands regrets des mourants »;

1. Je regrette de ne pas avoir eu le courage de vivre une vie fidèle à moi-même, et non la vie qu'on attendait de moi.
2. Je regrette d'avoir travaillé si fort.
3. Je regrette de ne pas avoir eu le courage d'esprimer mes sentiments.
4. Je regrette de ne pas être resté en contact avec mes amis.
5. Je regrette de ne pas m'être permis d'être plus heureux.

Il y a plusieurs études de ce genre. Ce qui est surprenant c'est de voir que les résultats se ressemblent. Il paraît que lorsqu' il est question de vivre nos vies, nous sommes tous des amateurs. La plupart du temps, nous avons tendance à manquer les choses les plus importantes.

Frederic Tudor avait un penchant pour les affaires depuis son jeune âge. Décidant de ne pas étudier à Harvard ce qu'on s'attendait de lui comme fils d'un riche avocat, Tudor eut plutôt l'idée d'expédier de la glace de la ferme familiale en Nouvelle-Angleterre à Cuba et aux Caraïbes. Ses employés sculptaient la glace du lac dans des cubes de formes rectangulaires qui pouvaient être empilés dans la cale d'un navire. Ils couvriraient ensuite le tas avec de la paille et des brins de scie pour l'isoler de la chaleur. En arrivant dans les climats plus chauds, la glace légèrement dépréciée était transférée dans des dépôts de glaces et vendus aux riches dans de petites quantités comme un luxe pour leurs boissons toutefois, sur les prochaines dizaines d'années de 1800, la glace est devenue de plus en plus utile pour entreposer la nourriture et l'entreprise de glace de Tudor grandit exponentiellement.

En même temps, dans le développement de son entreprise croissante, Tudor transportait des pommes emballées autour de la glace en direction vers le sud et amena des bananes, des limes, des oranges et des poires autour des blocs de glace qui restaient pour le trajet du retour vers le nord. Quoique ces premiers efforts de transporter les fruits tropicaux aient misérablement échoués, il avait inventé par inadvertance le transport réfrigéré! Toutefois, pour une raison ou une autre, Tudor ne s'est jamais concentré sur cette stupéfiante découverte et il s'est distrait en spéculant sur l'avenir du café. Par conséquent, son entreprise principale de transporter de la glace dépérit. À la fin, Tudor a récupéré ses pertes dans l'avenir du café en se concentrant encore une fois à transporter de la glace, il laissa la grande découverte du transport réfrigéré à être développée par d'autres, plusieurs années plus tard. Évidemment, le transport réfrigéré a échappé de Tudor parce qu'il se considérait comme une entreprise en transport de la glace.

Plusieurs personnes consomment les jours de leurs vies et gaspillent le temps que nous leur avons donné parce qu'ils, comme Tudor, ont une mauvaise idée de ce qu'ils font. La vie n'est pas d'avancer une journée à la fois sur le calendrier, pour tout simplement trouver quelque chose qui fonctionne financièrement et essayer de profiter un peu de temps libre les fins de semaine. Il ne s'agit pas « de s'en sortir » ou « de s'en sortir plutôt bien ». Il y a plus en jeu que tout cela. Ce n'est pas une question de se diriger directement vers le bonheur, de poursuivre sans fin le plaisir ou d'atteindre la gloire et le succès financier. Comme nous le verrons, ceux qui vivent ainsi ratent la vision globale de ce qu'ils peuvent être et ne font que transporter de la glace.

Viktor Frankl était un psychiatre en Allemagne pendant la Deuxième Guerre mondiale. Il a refusé l'occasion de partir du pays avec un visa de sortie parce qu'il sentait que c'était son devoir de rester à l'arrière et de rester avec ses parents vieillissants pendant que les menaces des nazis devenaient plus grandes.

Frankl a écrit : « La quête de signification pour l'homme est sa motivation dans la vie... ce sens est unique et spécifique parce que lui seul est capable de le combler. » Frankl écrit encore : « Tout le monde a une vocation spécifique ou une mission dans la vie à réaliser, un devoir concret qui requiert l'accomplissement. C'est ainsi qu'on ne peut pas le remplacer et en plus sa vie ne peut pas être répétée. Ainsi la tâche de chacun est unique telle que l'occasion précise qu'il a de l'implanter. »

Par ailleurs, lui et toute sa famille étaient transportés aux camps de concentration. Ses parents, son frère et son épouse qui était enceinte ont été tués. Frankl a survécu à l'horreur de quatre différents camps de concentration sur une période de trois ans, il est sorti avec des cas d'études de la psychiatrie humaine qu'il a personnellement vécue ou été témoin qui seraient la base de son travail pour le reste de sa vie

Si Frankl avait raison, une partie de notre considération au sujet de ce que nous devons faire de notre temps devrait se concentrer sur sa *signification*. Et notre quête pour ce sens, Frankl suggère qu'il y a une mission précise dans la vie pour chacun de nous. Jusqu'ici, tout va bien. Mais une question est mise à l'évidence dans tout ça. Et cette question est : *comment*? Comment une personne fait pour choisir que faire avec les journées qui lui restent? Comment trouvons-nous et poursuivons-nous une vie significative? Et comment exactement, pouvons-nous découvrir notre mission unique dans la vie?

Pendant des milliers d'années, les humains ont utilisé des cartes pour naviguer les territoires inconnus (on peut supposer que c'est parce qu'ils n'avaient pas Gandalf dans les environs). La tâche d'essayer de répondre à ces questions au sujet de la quête de trouver un sens à sa vie ressemble beaucoup à celle de naviguer sur des eaux dangereuses ou des terres inconnues. Cela pourrait être utile d'avoir au moins une représentation ou trajet à suivre. Sans un tel guide, nous ne nous rendrions pas où nous voulons aller ou ne saurions pas où nous sommes lorsque nous sommes arrivés.

Voguer dans sa vie sans avoir une carte à suivre semble être comme Colomb se dirigeant vers l'est et plantant un drapeau sur la plage des Bahamas, pensant qu'il était en Inde. Le voyage de Colomb aurait été beaucoup plus simple s'il avait eu une bonne carte précise du territoire — un montrant, par exemple, qu'il y avait tout un continent entre où il avait atterri et où il pensait être.[1] Toutefois, heureusement pour nous, plusieurs personnes ont vogué ces eaux de la vie avant nous. Plusieurs ont trouvé du

1 Bien entendu, ceci signifierait que quelqu'un d'autre y est allé avant lui et par conséquent, il n'y aurait pas eu de Columbus, Ohio — une situation que certains de nous du Michigan pourrions nous adapter.

sens et de l'accomplissement et oui, ils ont même découvert leur propre mission de vie. Nous pouvons apprendre d'eux et tracer notre route en conséquence. Ceci en bref est la raison d'être de ce livre

Donc quel type de carte pouvons-nous construire pour nous aider à trouver la mission unique qu'il y a dans chacune de nos vies? Les meilleures cartes nous disent où nous sommes, nous montrent clairement où nous voulons aller et nous affichent les routes pour y arriver. Pour avoir une idée de comment y arriver, revenons à Frankl. Dans un des paragraphes les plus profonds que j'ai jamais lus, Frankl écrivit :

> Les occasions de bien agir, les potentiels de combler une signification sont affectés par l'irréversibilité de nos vies... Parce qu'aussitôt que nous avons utilisé une occasion et actualisé une signification potentielle nous l'avons fait une fois pour toute. Nous l'avons secouru du passé où il a été livré et déposé en toute sécurité. Dans le passé rien n'est perdu à jamais, mais au contraire, tout est, emmagasiné, irrévocablement classé et précieusement préservé. Certes, des personnes ont tendance à ne voir que les champs de chaume transitoire, mais négliger et oublier les greniers remplis du passé dans lequel ils ont amené la récolte de leurs vies; les bonnes actions qui ont été faites, les aimés qui ont été aimé et le dernier et non le moindre, les souffrances par lesquelles ils ont traversés avec courage et dignité.

Autrement dit, le passé, le présent et le futur sont des entités égales! Quel concept. Si ceci est vrai, nous pouvons voir nos vies comme s'ils étaient composées des trois états, tous égaux en importance et en pertinence :

1. Le potentiel [ce qui arrivera dans le futur]
2. L'actualisation [ce que nous faisons dans le présent].
3. L'héritage [ce que nous avons « secouru du passé »]

Le potentiel est le plus facile. En fait, c'est la condition sur laquelle notre société moderne se concentre. L'écrivain d'éditorial du *New York Times* David Brooks a écrit : « La religion non officielle de l'Amérique est le futurisme. » Nous nous concentrons tellement sur le potentiel qu'on pourrait presque nous appeler obsessif. Nous parlons de notre futur, notre potentiel ou des occasions à venir, etc., etc. Nous parlons de l'importance de la jeunesse, de la fraîcheur des journées étalées devant nous que nous n'avons pas encore vécues et nous en devenons larmoyants. Nous mettons l'accent sur l'éducation et les compétences, la préparation et l'entraînement, tout cela au nom du potentiel.

L'actualisation est tout simplement où les choses deviennent *réelles*. Une autre expression pour l'actualisation pourrait être « faire ». L'actualisation est l'étape dans laquelle nous agissons sur nos potentiels et nous les transformons en réalité. En général, le potentiel est plus excitant que l'actualisation parce que « faire » signifie — bien, faire. Cela signifie travailler. Ceci est le moment où Frankl parle de trouver et de réaliser notre mission de vie, notre vrai et unique objectif. Nous n'avons pas de problèmes à nous concentrer sur cette phase non plus. C'est un fait indéniable que nous valorisons une orientation vers le succès aux dépens de presque tout le reste.

Toutefois, nous perdons notre équilibre lorsque nous arrivons à l'héritage. L'héritage est l'ensemble de toutes nos actualisations, il représente le total global de l'accumulation de tout ce que nous avons fait, expérimenté et vécu. Ce qui m'a dépassé au sujet de la classification de Frankl de notre héritage individuel, pour paraphraser, était ses « collections d'artefacts ». Il ne voyait pas le passé comme la plupart d'entre nous le voyons, comme quelque chose de mort et enterré, terminé et fini, à jamais emporté par le courant. Au lieu, il le voyait comme une réalité solide et indéniable. Il l'a présenté comme étant sur un pied d'égalité avec notre potentiel et nos actions. C'est énorme quand nous considérons que nous choisissons ce que nous devons faire de notre temps parce que ce qu'il a suggéré est que chaque moment qui passe (et ce que nous décidons d'en faire) a de *l'importance*. Il n'est pas parti; il est transformé d'un potentiel dans le passé par des actions que nous devons prendre envers elle. Sujet profond.

Aussitôt que j'ai pu maîtriser l'idée de Frankl de l'égalité du futur, du présent et du passé, j'ai imaginé un sceau qui vidait le potentiel de notre vie dans un autre sceau. Le sceau qui se vide est notre potentiel, le sceau qui reçoit est notre héritage. L'eau qui coule entre les deux représente notre actualisation, ou le fait de vivre notre potentiel dans le moment présent.

Ces trois morceaux ensemble nous ont presque donné la carte que nous cherchions quoique, afin de s'en assurer, un diagramme de deux sceaux n'est pas aussi fascinant que, disons une carte de trésors de pirates du dix-septième siècle. Par contre, si nous plongeons intelligemment dans la vérité que représente chacun de ses symboles, le trésor disponible à son découvreur est plus que tout ce qui a été accumulé par Edward Teach.[2]

Toutefois, il y a une dernière caractéristique à considérer. Évidemment, certains de nos potentiels ne seront pas réalisés. Nous n'actualisons pas tout dans notre héritage, comme nous, en gaspillant un peu. En réalité, nous en gaspillons une grande partie. En fait, nous devrions aspirer, comme un de nos objectifs principaux; d'être les meilleurs intendants que nous pouvons avec ce potentiel. Après tout, c'est totalement un cadeau. Donc, dans le but de terminer la carte de trésors (d'accord le

2 L'infâme Barbe Noire.

diagramme), ajoutons la perte ou le gaspillage de notre potentiel comme un *déversement*.

Voilà.

Maintenant qu'avons-nous?

Premièrement, un drôle d'acronyme **PAiLS**[3] **= le potentiel et l'actualisation se versent dans l'héritage avec le déversement.** Plus sérieusement, nous avons un cadre d'applications ou une simple carte pour le territoire de nos vies.

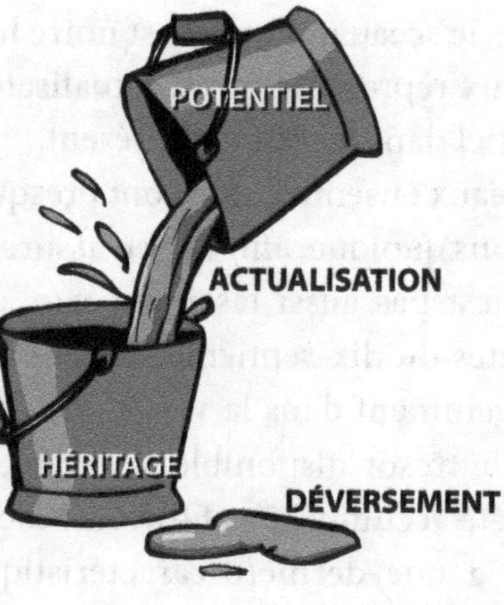

En utilisant ce diagramme de base, nous pouvons commencer à répondre à la question de comment prendre le conseil de Gandalf et de profiter au maximum du temps qui nous a été donné. Même aujourd'hui, pendant que le temps avance sur l'horloge, notre potentiel coule dans notre héritage.

3 Le mot anglais PAILS signifie SEAUX.

Le potentiel

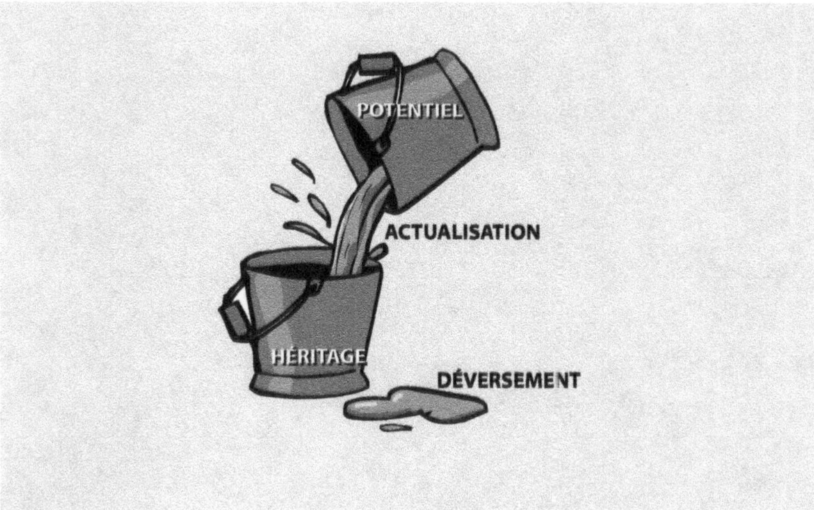

Qu'allez-vous faire?

– 1 –

Le monument

Quand nous avons déménagé en Caroline du Nord pour la première fois, notre agent immobilier nous a informés que notre rue était un cul-de-sac qui se termine à l'élevage de chevaux de l'épouse de John Grisham. Mon épouse Terri et moi trouvions cette information futile charmante, puisque nous avons eu une longue histoire avec John Grisham (bien qu'il ne le sache pas). Vous voyez, dans nos années de fréquentations, un de nos passe-temps préférés était de lire les romans de Grisham à haute voix à l'autre. D'accord, pas exactement. Terri me les lisait à voix haute. Nous avons fait cela dans l'auto, au parc, et sur le pont du bateau de croisière de classe économique que nous avons pris pour notre lune de miel. Les romans de Grisham ont été publiés quelques années seulement avant la première fois où nous les avons découverts.

Avançons rapidement jusqu'à il y a un an. Pour une raison ou pour une autre, un article au sujet de John Grisham et des terrains de baseball à capter mon attention. Évidemment, le plus grand rêve de Grisham quand il avait treize ans était de devenir un joueur professionnel de baseball. Cela s'est traduit en une partie de sa philanthropie. Grisham, qui, nous le savons tous, a laissé sa carrière en tant qu'avocat pour écrire des romans juridiques à sensations fortes étroitement ficelés, a apparemment commencé à construire des parcs de baseball pour les enfants. « Il n'y avait pas d'endroit aux alentours d'ici pour que les enfants jouent au baseball », a dit Grisham. Le résultat fut un parc complexe de six champs méticuleux avec un panneau interdisant le blasphème. Néanmoins, ce qui est curieux, c'est l'absence d'un panneau indiquant le nom du mécène du parc. Grisham ne voulait pas de reconnaissance pour la construction du parc.

De plus, Grisham est un grand donateur pour le fond d'après ouragan Katrina appelé Rebuild the Coast (rebâtissons la côte). Il finance également une bourse d'études pour les écrivains du Sud à l'Université du Mississippi, puis il soutient le Parti démocrate.[1] À vrai dire, la philanthropie de Grisham est assez vaste pour que ça puisse être considéré comme une troisième *phase* de sa vie. Et cette observation, en particulier, est ce que j'ai retenu de l'article.

Il m'est immédiatement venu à l'esprit que d'autres personnalités connues ont vécu les phases de leur vie ainsi. Considérez Benjamin Franklin.[2] La première phase de sa vie a commencé comme jeune apprenti imprimeur. Il a sagement profité de cette occasion, perfectionnant non seulement ses compétences en impression, mais augmentant aussi du flair à la fois comme écrivain et comme homme d'affaires. Il construisit un empire financier qui lui offrirait un revenu passif suffisant pour lui permettre de passer à l'autre étape de sa vie : devenir un scientifique naturel.

C'était l'âge de la curiosité, et les messieurs de partout devenaient des experts autodidactes dans tout, de la botanique aux insectes, oui, jusqu'à l'électricité. C'était certainement la passion de Franklin. Il a même accepté un poste comme ambassadeur en Angleterre pour le compte de la première Pennsylvanie et puis, plus tard, pour d'autres colonies, afin qu'il puisse se mélanger avec ses pairs dans la prestigieuse Royal Society of Arts, devenant leur premier membre international.

1 On dit qu'il est un cousin éloigné de Bill Clinton. Qui le savait?

2 Qui semble apparaître dans chaque livre que j'écris parce qu'il est irrésistible, étant une grande illustration d'à peu près tout.

Ce n'est que lorsqu'une petite interruption embêtante que l'on appelle la guerre révolutionnaire américaine est née (que Franklin serait lent à comprendre et à joindre) que sa carrière scientifique a été reléguée au second plan pour la prochaine et dernière étape de sa vie : il développa ses habiletés d'homme d'État. Franklin joua un rôle décisif dans l'obtention de l'aide des Français pour la guerre (et ainsi la victoire) et a été un des seuls hommes à signer la Déclaration de l'indépendance, le Traité de Paris et la Constitution des États-Unis.

Donc, voici deux hommes, un légendaire et un contemporain, qui tous les deux semblent avoir vécu leur vie par phases. On pourrait dire plus précisément par *couches* parce que les phases semblent suggérer qu'elles sont finales une fois expérimentées, mais les couches sont plus en harmonie avec l'idée de Frankl du passé étant encore existant. À vrai dire, en regardant notre vie en couches s'avère être l'une des clés pour faire ressortir un vieux conflit de conseils sur la façon de vivre sa vie.

Des conseils contradictoires

Les parents de ma mère ont lutté pour élever une jeune famille durant la dépression. Ils ont eu leur dernier enfant pendant la Deuxième Guerre mondiale, douze années plus tard, lorsqu'ils pensaient ne plus être en âge de procréer. À cette fille, ma mère, ils ont recommandé de devenir infirmière parce qu'elle aurait « toujours un emploi ». Ce conseil était entièrement vrai et extrêmement pragmatique. Ma mère a été employée presque toute sa vie adulte, tel qu'ils l'avaient prédit. Par contre, même si elle s'identifiait aux aspects de soins nourriciers et de compassion de la profession, elle était rarement ravie de son occupation en général. Comme la plupart le savent, la profession d'infirmière est une carrière extrêmement difficile, ayant besoin d'une combinaison de connaissances techniques et de compétences médicales jumelées avec le travail manuel, ainsi que la capacité à gérer les situations répugnantes (mes enfants diraient « dégoûtantes »), avec des salaires relativement bas (quoique l'on m'a dit que cela est en train de changer) et d'horribles heures avec des horaires contraignants.[3] Qui plus est, elle se demandait toujours quelles autres avenues auraient pu être lui être offertes, mais elles ont été tout simplement inexplorées parce qu'elle n'avait jamais vraiment été encouragée à les chercher.

Quelques-uns de mes cousins ont reçu des conseils presque à l'opposé. On leur avait dit de « suivre leur cœur » et de « faire ce qu'ils aiment ». Ainsi, ils ont obtenu des diplômes universitaires dans des domaines obscurs et ont été contraints par la nécessité de vivre leur vie avec de petits emplois peu rémunérés sans aucun lien avec leurs intérêts ou leur formation.

Nous voyons ici deux philosophies vraiment différentes, même des philosophies diamétralement opposées au sujet du chemin vers de la réussite. Les résultats donnés dans ces cas spécifiques ne sont en aucune façon tout inclus, néanmoins. Il y a certainement des gens qui ont poursuivi des professions pragmatiques et trouvé un parfait contentement dans celles-ci. D'autres, évidemment, ont poursuivi avec succès leurs passions. Cependant, des histoires de réussite ou d'échec dans chaque catégorie ne règlent pas le conflit.

Quand je demande à des gens intelligents, bien équilibrés, qui ont connu le succès quel conseil ils donnent à leurs enfants à propos de la façon de choisir le métier de leur vie, je reçois de tout, des regards vides à des platitudes, qui s'unissent comme les voix indéchiffrables des parents de Charlie Brown. Normalement, je vais plus loin, leur présentant les deux chemins distincts que je viens de décrire, et je leur demande lequel ils recommandent.

3 Mon frère et moi avons taquiné notre père à propos de tous les cubes de steak et des fèves au lard qu'il préparait pendant que notre maman travaillait sur un deuxième quart de travail!

Ce qui ressort habituellement est que l'éducation est hautement approuvée, suivit par le souhait extrêmement populaire : « je souhaite tout simplement que mon enfant soit heureux ». Le résultat de ce genre de bretelle d'entrée floue sur l'autoroute de la vie productive est que des millions d'enfants se dirigent vers le collège seulement parce que c'est ce qu'on doit faire, suivit par des millions de jeunes adultes travaillant dans des emplois qui ne les comblent pas, suivit par des millions de gens d'âge mur se sentant frustrés et « pris », suivit par des millions de gens âgés pleins d'amertume et de regret.

Je participais à une conférence sur le leadership lorsque l'un des principaux orateurs se lança passionnément dans ce qui suit : « Quel est le secret du succès? Je vais vous le dire! Le secret du succès est de tomber 99 fois et de se relever 100 fois! » Dans ce bout de sagesse motivante, la foule était en délire. Tout le monde semblait inspiré à sortir et à changer le monde tout de suite, à l'instant même. Et c'est tant mieux pour eux. Cependant, cette petite déclaration m'a amusé sans fin. Il y a plusieurs choses qui paraissent bien quand on l'écoute pour la première fois, mais ne tiennent pas lorsque nous l'analysons.[4] Cette déclaration en particulier ne peut être motivante pour les gens que s'ils sont mauvais en math. Comment peut faire au juste une personne pour se relever une fois de plus que ce qu'elle est tombée? C'est impossible.

Dans la même classe, je place les deux pièces opposées de conseil de vie présentées ci-dessus. « Poursuivez une carrière uniquement pour des raisons de pragmatisme et de sécurité » et « Faites ce que vous aimez, et l'argent suivra » sont deux phrases également trompeuses. Alors qu'il peut y avoir des éléments de vérité et même de sagesse inclus dans chacune de ces phrases (nous en parlerons plus un peu plus tard), elles sont toutes les deux clairement fausses. Le vrai problème est que les deux ressemblent à des chemins différents et séparés. Elles ne le sont pas.

4 Peut-être même ce livre.

La vie comme une ziggourat

Dans la Bible, on nous parle des premiers humains qui ont construit une tour à Babylone afin de défier le créateur. Leur but était de démontrer leur autonomie en érigeant un monument à leur propre gloire aussi haut que le ciel. Dieu décida de les ébranler jusqu'à ce qu'ils tombent de leur trop grande fierté en détruisant leur tour et en confondant leur langue commune en plusieurs différentes langues, et, depuis ce temps, nous avons des conseillers partout nous recommandant quatre ans d'une langue étrangère. [5]

Les historiens semblent assez certains que la structure érigée par ces premiers bâtisseurs était un type de pyramide appelée une ziggourat. Une ziggourat est faite de couches par paliers. Chaque couche qui s'ajoute est plus petite que celle du dessous. Par exemple, voilà ce qu'est une ziggourat composée de quatre couches :

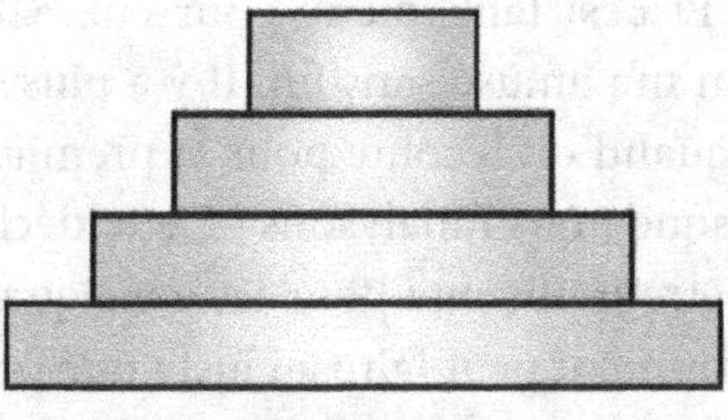

D'accord, après réflexion, cela ressemble plus à un gâteau à plusieurs couches, mais vous avez compris l'idée.

> ***Nos vies ne sont pas des choix le long de différents chemins, mais plus comme un empilement de couches***

L'une des idées clés pour nous aider à concilier les conseils de vie opposés décrits ci-dessus est ceci : ***nos vies ne sont pas des choix le long de différents chemins, mais plus comme un empilement de couches.*** Si tout ce que l'on fait

5 Permettez-moi de vous recommander l'italien.

est encore une partie de nous, alors, pendant que nous vivons les jours de notre vie, nous ajoutons chaque journée à notre monument. Comme nous l'avons vu dans les exemples de John Grisham et de Benjamin Franklin, leurs vies ont été vécues en étapes ou en couches. Par exemple, la ziggourat de John Grisham ressemblerait à quelque chose comme la figure ci-dessous.

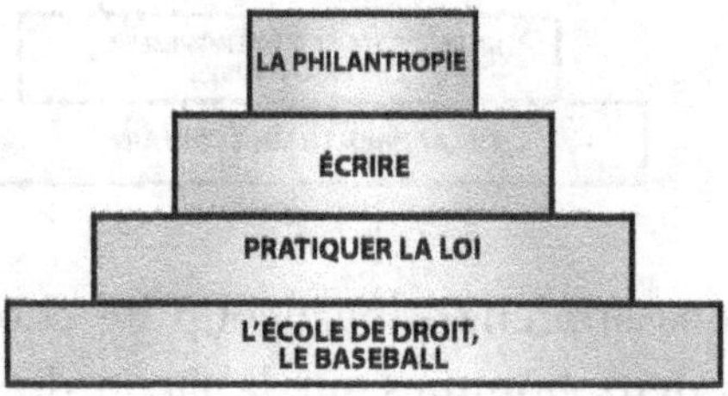

Ses premières expériences étaient ses rêves de jouer au baseball professionnel, suivi par une éducation collégiale, puis par un diplôme en droit. Pour son occupation pragmatique, il pratiquait le droit, tandis qu'il poursuivit sa passion de l'écriture en se réveillant tôt et en rassemblant son premier manuscrit dans les heures avant le travail. Sa poursuite passionnante de l'écriture a éventuellement satisfait ses besoins pragmatiques et lui a donné ultimement les ressources pour remplir sa profonde et vraie vocation de construire des terrains de balle anonymement et de donner à une longue liste d'autres causes.

Dans le cas de Benjamin Franklin, ses premières expériences ont inclus celles d'être un apprenti imprimeur et un peu écrivain pour *Poor Richard's Almanac*. Cela lui donna l'expérience pour mener une entreprise et pour travailler fort. Sa profession pragmatique fut de devenir le propriétaire d'une imprimerie et d'avoir des franchises (ainsi que d'avoir des propriétés résidentielles en location et des salaires du gouvernement — il était maître des postes de Philadelphie, par exemple). Le succès de son métier pragmatique soutenait ses nombreuses passions et curiosités, ce qui lui a permis d'inventer et de découvrir une incroyable diversité de choses. Enfin, ces passions, qui ont fait sa renommée, lui ont ouvert les portes pour devenir un homme d'État et pour offrir un service incomparable à son pays.

Nous pouvons apprendre beaucoup de choses des couches vécues par ces deux hommes sur la façon de construire notre propre vie.

Remarquez que la couche la plus basse est composée de nos *expériences préparatoires.* Celles-ci comprennent notre éducation (formelle ou non), nos erreurs, nos occasions manquées, nos mésaventures, nos histoires, nos passe-temps, nos intérêts, nos associations, nos relations, tout ce qui contribue à notre développement. De cette couche, nous pouvons dire que « cela m'est arrivé ».

Empilé sur cette fondation, on retrouve notre *profession pragmatique.* Cela représente tout ce que nous trouvons à faire qui fonctionne efficacement pour nous soutenir financièrement. De cette couche, nous disons : « cela me nourrit ».

Ensuite vient la couche qui représente nos *passions.* Ce sont des choses dont notre cœur a vraiment envie, les activités pour lesquelles nous montrons une affinité naturelle, ces quêtes dans lesquelles nous désirons ardemment nous impliquer. C'est ici que nos talents naturels rayonneront. C'est ici que nous disons : « cela me comble.». Ces activités nous donnent la sensation d'être plus authentiques.

Finalement, au sommet vient notre *vocation remplie de résolution.* C'est l'ordre le plus élevé de notre réalisation. C'est là où nous maximisons notre rôle en tant que collaborateurs pour la société et en tant qu'êtres humains. D'ailleurs, « remplie de résolution » signifie presque toujours « se concentrer sur les autres ». C'est lorsque nous donnons et servons les autres que nous voyons vraiment le but ''aller au-delà de notre propre intérêt cC'est à ce niveau que nous disons : « c'est mon devoir ». C'est à ce niveau que nous nous sentons le plus vivants,, e plus utile et le plus ennforme avec la meilleure phage que nous détenons de nous-mêmes.

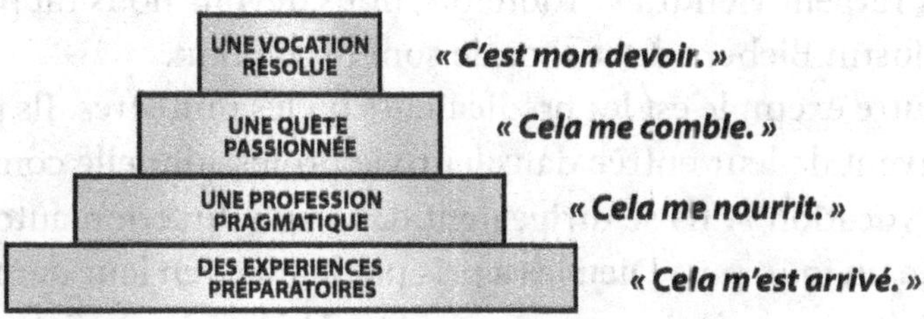

Comprendre les couches

La première chose à comprendre au sujet de cette ziggourat (ou gâteau étagé) de notre vie, c'est que les *quatre couches sont requises afin de maximiser notre bonheur.* Ces gens qui ont construit des couches robustes à chaque niveau sont ceux qui ont tendance à être les plus contents, les plus comblés, et, oui, les plus heureux. Le bonheur n'est pas quelque chose qui peut être obtenu en le poursuivant directement; c'est plutôt l'effet secondaire d'une vie vécue correctement. Et, une vie vécue correctement impliquera toujours les quatre niveaux de ce schéma.

Le bonheur n'est pas quelque chose qui peut être obtenu en le poursuivant directement; c'est plutôt l'effet secondaire d'une vie vécue correctement.

Alors que la plupart d'entre nous grimpent maladroitement vers le haut, en bâtissant notre ziggourat avec une brique de boue à la fois, de temps en temps, quelqu'un semble contourner une couche ou deux et monte directement vers le haut. Considérons le chanteur Justin Bieber, par exemple. Combien d'expérience préliminaire pouvait-il réellement avoir pour devenir un artiste très populaire, poursuivant sa passion à partir d'un jeune âge? C'est à partir des exemples comme le sien que les gens ont tendance à dire des choses telles que « Suivez tout simplement votre cœur, et l'argent viendra ». Toutefois, nous devons nous rappeler que les Justin Biebers de ce monde sont l'exception.

Un autre exemple est les prédicateurs ou les ministres. Ils parlent souvent de leur entrée dans leur vie professionnelle comme d'une « vocation ». Ils se dirigeaient dans une direction autodéterminée un jour, puis Dieu les a pris par la main en leur demandant de vivre une vie de service pour Lui. Demandez à n'importe lequel d'entre eux, et c'est le langage que vous entendrez. Dans leur cas, avec un appel parvenant directement de Dieu, ils ont reçu un passe-droit directement vers le haut de la ziggourat.

Même pour tous les Justin Biebers et les pasteurs, l'ensemble de la pile doit encore être construit pour les aider à maximiser leur potentiel. Considérez ce qui arriverait à Justin Bieber s'il ne s'était jamais permis de sentir et de réagir à son appel de vocation. Tout son argent et sa renommée le laisseraient vide et narcissique s'il n'avait pas trouvé un moyen de se donner à quelque chose de plus grand que lui. Ou que dire des prédicateurs — ou des médecins, des enseignants ou d'autres qui ressentent une certaine « vocation » à faire ce qu'ils font? S'ils ne trouvent pas un moyen d'appuyer leur vocation avec passion — pire encore, s'ils ne peuvent pas réussir à trouver un moyen de payer les factures et d'être un soutien pragmatique – l'appel lui-même ne sera vraiment pas réalisé. De là, nous pouvons voir que, même pour ces rares individus qui semblent commencer une couche ou deux au-dessus de nous, simples mortels, ils doivent eux aussi suivre les instructions et assembler un monument complet de leur vie. Faire autrement laisse une personne incomplète.

En parlant de personnes incomplètes, que dire de la personne qui ne va pas plus loin qu'un métier pragmatique? Avez-vous déjà fait la connaissance de quelqu'un qui lui ressemble? Ils n'ont aucun intérêt autre que de simplement payer les factures, de rentrer à la maison après le travail, et d'allumer inconsciemment la télévision ou les jeux vidéo. Leur vie est vide de passion et devient un triste type de servitude auto-imposée.

Que dire de la personne qui ne va pas plus loin que les passions? Prenez la personne qui est titulaire d'un beau métier pragmatique et qui ensuite déverse sa passion dans des sports ou des passe-temps ou n'importe quelles autres distractions inutiles à la fin. Encore une fois, sans diriger nos passions vers le haut (même si elles sont valables) dans la recherche de notre vraie et profonde vocation, nous restons vides et centrés sur nous-mêmes. Cela ne conduit jamais à un bonheur durable, et les contributions qui pourraient avoir été faites vont être gaspillées.

Il convient de répéter: ***les quatre couches de la ziggourat sont nécessaires pour maximiser son potentiel, sa réalisation et son bonheur.***

L'illusion d'être arrivé

En outre, on peut le voir de cette pile de couches que dans la vie, il n'y a pas d'arrivée. La vie est un cheminement que nous prenons, et ce cheminement est une accumulation d'expériences et d'accomplissements et de contributions. Plusieurs personnes semblent penser que leur vie serait complète « si seulement » ils pouvaient :

- Trouver leur compagnon parfait
- Obtenir ce travail précis
- Obtenir un diplôme universitaire

- Gagner cette bourse d'études en particulier
- Atteindre leur poids cible
- Se rendre à la retraite
- Gagner un million de dollars

La liste pourrait se poursuivre indéfiniment. Aucune de ces choses n'est le sommet définissant nos vies. Aucune d'entre elles n'a la capacité d'offrir un bonheur durable et final. Alors que plusieurs d'entre elles sont souhaitables et même importantes, nos vies sont beaucoup plus d'« évènements réalisés ». Nos vies sont plutôt des monuments construits une seconde à la fois, un tas empilé sur un autre d'expériences, de contributions, de pensées et de moments.

Notre objectif devrait être de s'assurer que ces piles de couches sont aussi belles que possible. Cela signifie de remplir la couche fondamentale avec toutes sortes d'expériences vastes et significatives; même les erreurs et les faux pas peuvent être constructifs lorsqu'ils sont considérés simplement comme des tremplins vers le haut. Lorsque nous trouvons quelque chose qui fonctionne de façon pragmatique, elle n'a de sens que si elle nourrit nos passions. À son tour, nos passions sonnent faux si elles ne permettent pas de remplir un objectif supérieur. Nous avons besoin de toutes les couches, et nous devrions ajouter des choses à celles-ci constamment.

C'est pourquoi les personnes les plus heureuses et les plus productives n'arrêtent jamais ou ne prennent pas leur retraite. Elles sont tellement comblées à consolider les couches de leur vie et à leur ajouter des choses. Elles savent qu'elles ne seront pas prêtes à laisser leur héri-

Votre vie est un don de Dieu; ce que vous en faites, c'est votre cadeau à Lui

tage jusqu'à ce que la dernière goutte de leur potentiel se déverse de leur seau.

Le message est de considérer votre vie comme un monument que vous bâtissez — non pas, comme au début de la période des Babyloniens, pour défier le Créateur, mais plutôt en Lui étant reconnaissant. Il a été dit que votre vie est un don de Dieu; ce que vous en faites, c'est votre cadeau à Lui. Alors, construisez-le en conséquence.

– 2 –
Le lieu

L'un de mes films préférés de tous les temps est *The Legend of Bagger Vance (Un Caddy exceptionnel)* écrit par Steven Pressfield, réalisé et produit par Robert Redford. Non pas que je sois un grand joueur de golf (ou pas du tout un golfeur en fait), mais l'intrigue, le jeu des acteurs et la cinématographie sont excellents. La raison pour laquelle c'est si mémorable, c'est le message qui est transmis.

La prémisse c'est qu'un jeune homme, qui était doué comme golfeur dans sa jeunesse, est allé à la Première Guerre mondiale et en est revenu sens dessus dessous. Il ne pouvait plus jouer au golf, se sentant responsable de la mort de ses camarades et étant incapable de s'en vider l'esprit. Dix ans plus tard, un mystérieux caddy appelé Bagger Vance apparaît pour l'aider à surmonter ses défis. Le jeune homme, qui s'appelle capitaine Junuh, lui dit qu'il a perdu son élan. Bagger Vance lui montre ce qu'est un véritable élan au golf en lui parlant de ses concurrents. Bien que ces hommes aient des styles de jeu radicalement différents, ils sont efficaces tous les deux dans leur jeu parce que chacun joue de façon unique, faisant ce pour quoi il est né de la façon dont il est né pour le faire.

Le capitaine Junuh traverse des hauts et des bas au cours du grand tournoi de trois jours. Parfois, il a de la chance et joue bien pendant un certain temps, mais sa réaction à cela est l'arrogance et l'insolence. À ce moment-là, il dérape et perd confiance, se plaignant qu'il ne devrait pas jouer du tout. D'un extrême à l'autre, il avance. Finalement, quand il est presque trop tard pour le capitaine Junuh d'avoir une chance dans la compétition, Bagger Vance le prend à part et lui dit : « C'est le temps ». Au début, Junuh résiste, mais Bagger Vance appuie sur le fait, mentionnant à Junuh que c'est le temps de passer à autre chose dans sa vie, temps de laisser tomber les bagages du passé, temps de trouver son véritable élan et de faire ce pour quoi il est né de la façon dont il est fait pour le faire.

Si Viktor Frankl avait raison, chacun de nous, tout comme le capitaine Junuh, a au fond de lui un véritable élan. Tout ce que nous avons à faire est de le découvrir.

La ziggourat résout le conflit

Nous sommes maintenant prêts à vraiment discuter des conseils de vie contradictoire abordés dans le chapitre précédent. Vous vous souviendrez qu'un des raisonnements était de trouver quelque chose qui fonctionne financièrement, que si vous trouvez un travail, satisfaisant ou non, vous aurez au moins la sécurité. L'autre camp a dit : « suivez votre cœur et faites ce que vous aimez, l'argent suivra. » Un côté semble promettre la sécurité sans l'épanouissement, tandis que l'autre offre l'épanouissement sans la sécurité. Nous pouvons donner un sens à tout cela en retournant au schéma de la ziggourat.

Un côté semble promettre la sécurité sans l'épanouissement, tandis que l'autre offre l'épanouissement sans la sécurité.

La première étape est de commencer par le haut. Stephen Covey a brillamment pensé à « commencer en ayant la fin à l'esprit ». Cela signifie que nous devrions jeter un coup d'œil à nos vies comme si nous étions sur notre lit de mort, en regardant en arrière tout ce que nous avons fait. En revenant dans le présent, nous devrions alors prendre nos décisions basées sur cette perspective. Quelques personnes l'ont aussi appelé « le test de la pierre tombale » parce qu'il signifie effectivement de considérer votre vie comme si elle était finie et de vous assurer de faire aujourd'hui ce que vous souhaiteriez avoir fait à ce moment-là.

C'est un conseil très utile. Toutefois, à ce moment-ci, je voudrais offrir une petite modification. Au lieu de considérer votre vie comme une chronologie historique avec une fin, restons avec notre concept de couches et utilisons le diagramme de la ziggourat afin de le faire d'une manière légèrement différente. Commençons par le plus grand objectif que vous avez à l'esprit, c'est-à-dire, considérons quelle est votre vocation ou quelle contribution la plus élevée vous souhaitez faire. En avez-vous un? Sentez-vous que vous avez un appel spécial? Avez-vous le désir profond de participer dans un certain domaine? Si oui, déplaçons-nous donc ensuite pour aller vers la couche au-dessous de celle-là, aux quêtes passionnées.

Quelles passions avez-vous pour soutenir ce plus grand objectif? Quelles sont les choses que vous faites qui vous comblent, envers lesquelles vous démontrez une affinité étonnante et pour lesquelles les gens vous acclament et vous font des éloges? Ensuite, nous considérons les étapes pragmatiques qui soutiennent ces passions. Quels types de professions vous permettent de faire les choses pour lesquelles vous êtes passionnés? Considérez la vaste gamme de choix disponible. Finalement, en progressant vers le bas, au niveau fondamental, nous pouvons maintenant commencer à construire des expériences et mettre en place le bon enseignement et la préparation pour soutenir la structure que nous avons considérée du haut vers le bas.

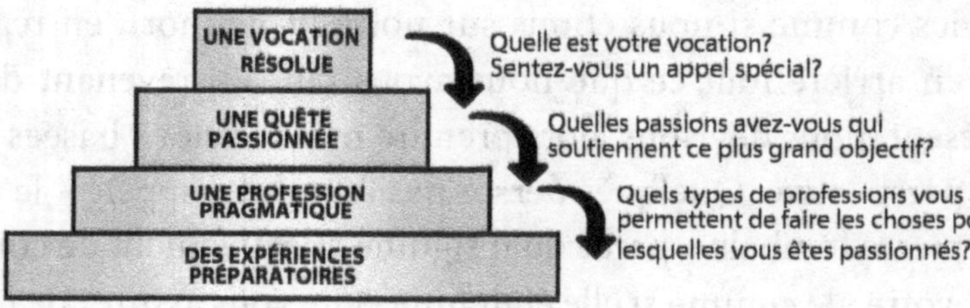

Peut-être que quelques exemples permettront de clarifier la question.

Imaginons un adolescent qui aspire à servir le Seigneur et de Lui amener de la gloire par sa vie. Pour le moment, c'est l'appel ou l'objectif le plus clair que le jeune garçon peut exprimer. C'est la couche supérieure de sa ziggourat. Donc, à partir de là, que devons-nous dire au garçon sur la façon de vivre sa vie? La réponse est de suivre la progression que nous venons tout juste de travailler ci-dessus.

Nous devrions dire à ce garçon de réfléchir ensuite sur les choses qui le passionnent. Disons que son rêve est de jouer au soccer comme un professionnel, et qu'il pense qu'en le faisant, il pourrait être l'exemple public fort pour sa croyance religieuse (du style de Tim Tebow) et ainsi accomplir sa vocation ultime.

Excellent. Jouer au soccer est la prochaine couche dans sa ziggourat, la couche appelée une quête passionnée.

Toutefois, de façon pragmatique, on ne peut pas savoir si ce jeune garçon atteindra vraiment les rangs d'un joueur de soccer professionnel. Tout d'abord, les chances sont certainement contre cela. Par contre, rappelez-vous que la couche pratique est beaucoup plus grande que la couche passionnée. Il y a une raison pour cela. Il y a plusieurs façons dont la passion du garçon pour le soccer puisse le mener au succès pratique. Par exemple, il pourrait devenir entraîneur. Il pourrait entrer dans l'administration ou la gestion sportive. Il pourrait devenir un spécialiste de marketing ou un agent sportif. Il pourrait même devenir un statisticien ou un thérapeute sportif.

C'est ici que nous devons reconsidérer la couche ci-dessus, le niveau de la quête passionnée. Est-ce qu'il y a d'autres passions auxquelles le garçon peut s'identifier? Il y en a certainement. Peut-être qu'il a un cœur très aimant qui l'anime et qu'il aime s'occuper des besoins des gens. En tenant compte de ces choses, nous pouvons nous concentrer sur les professions pragmatiques qui comblent chacune de ces passions. Dans ce cas, il pourrait faire n'importe quoi qui relierait ces différentes passions, comme la médecine sportive.

Finalement, nous descendons à la couche la plus basse, des expériences préparatoires. C'est ici que nous pouvons déterminer quelles expériences, quels choix éducatifs et quelles activités le garçon devrait immédiatement poursuivre. Est-ce qu'il y a des individus dans le monde sportif que nous pouvons présenter à ce garçon? Est-ce qu'il y a des universités qui offriront au garçon l'occasion de jouer dans leur équipe de soccer, qui offrent aussi des diplômes qui correspondent à certains de ces domaines? On peut penser qu'en commençant par le haut, l'objectif le plus élevé du garçon, et en travaillant vers le bas, nous pouvons au moins envoyer le garçon dans une direction qui servira ses passions et que créons une large gamme de professions possibles pratiques dans cette même catégorie. On ne peut pas savoir exactement où tout cela va le mener, mais la *direction* sera bonne.

Cet exemple très simple montre de quelle façon nous n'avons pas à envoyer le garçon sur une mauvaise voie ou sur une autre (la sécurité d'un côté ou l'épanouissement de l'autre). Au lieu de cela, nous pouvons travailler « de haut en bas » en partant de ses petites découvertes d'un objectif global, à travers ses passions connues, jusqu'aux étapes les plus pratiques qu'il peut prendre dès maintenant.

Regardons un autre exemple. Une jeune fille n'est pas certaine d'un objectif global quelconque ou d'une vocation et donc, n'a aucune idée de la couche supérieure de sa ziggourat. Elle est trop floue à cette étape. C'est bien. En fait, c'est probablement la même chose pour la plupart des gens, surtout les plus jeunes. Tout ce que nous devons faire dans une telle situation est de descendre au prochain niveau où elle démontre un peu de connaissances de soi. Disons que ce soit au niveau de la quête passionnée. Elle aime jouer du piano et chanter. En fait, elle aime tout de la musique. Disons aussi qu'elle ait une passion pour rassembler les gens et organiser des événements.

Équipés de ces perceptions, nous descendons au niveau de la profession pragmatique et faisons un remue-méninge sur tout ce qui pourrait soutenir ses passions. On peut clairement considérer qu'elle pourrait jouer de la musique en tant que professionnelle. Toutes les manières différentes (des groupes de concerts, des symphonies, des groupes populaires, comme un artiste enregistrant en solo, comme compositeur, etc.) doivent être considérées. En outre, elle peut être en mesure d'enseigner la musique, donnant soit des cours individuels ou soit en tant que professeure dans une école ou un établissement collégial. Son plaisir d'être avec les personnes et d'organiser des événements pourrait suggérer qu'elle puisse devenir une promotrice ou une agente. De cette façon, nous constatons qu'il y a beaucoup de possibilités de carrières qui correspondent à toutes ses passions.

Enfin, nous descendons au niveau des expériences préparatoires afin de commencer à organiser les bonnes expériences et la bonne éducation. Quelles leçons de musique peut-elle suivre? Est-ce qu'il y a des personnes dans certaines des professions ci-dessus à qui nous pouvons la présenter? Est-ce qu'il y a des collèges ou des écoles de musique qui offrent une formation formelle dans ces domaines? Le meilleur pour elle est d'aller chercher le plus d'expériences préparatoires de base qu'elle peut en soutien direct de ses passions connues.

Donc, dans le cas d'une personne qui ne semble pas avoir un objectif global, nous pouvons travailler vers le bas de la couche de la quête passionnée de la ziggourat jusqu'aux étapes que la jeune fille est apte à entreprendre dès maintenant. Rien n'est déterminé de manière rigide, sauf une direction qui aligne ses passions avec des choix pragmatiques possibles et une bonne fondation d'expériences et d'éducation.

Ensuite, envisageons une personne qui ne démontre aucune indication réelle de passions remarquables et qui est donc incertaine des deux couches supérieures de sa ziggourat. Pouvons-nous commencer aussi bas que la couche pratique et encore déterminer un bon cheminement? Oui. Nous le faisons en tenant compte des affinités naturelles et des compétences que cette personne affiche. Plusieurs grands écrits sont offerts pour analyser les compétences de base et pour déterminer ce dans quoi excelle une personne. Certains chercheurs divisent les forces en différentes catégories; d'autres utilisent des méthodes d'essai pour déterminer les compétences.

Toutefois, ça n'a pas vraiment besoin d'être compliqué. Les compétences et les affinités d'une personne sont naturellement évidentes. On peut les déterminer en posant des questions simples. Est-il habile avec ses mains? Avec la machinerie? Avec des outils? Peut-il penser spatialement et comprendre des schémas? Ensuite, nous devons chercher des situations professionnelles dans lesquelles ces compétences sont demandées. C'est alors une étape facile pour déterminer que des dispositions de formation professionnelle ou éducative devraient être faites dans la préparation.

Comment en suis-je arrivé là, et où vais-je?

Jusqu'ici, nous avons examiné trois exemples de jeunes avec la plus grande partie de leur vie encore à venir. Toutefois, qu'en est-il des autres? Qu'en est-il des millions de gens malheureux dans leur vie actuelle? Simple. Cet exercice ne s'appliquera pas seulement aux jeunes commençant leurs vies adultes, mais aussi aux autres personnes qui sont quelque part entre le commencement et la fin. Tandis qu'il y aura certainement un temps où il sera « trop tard, » il y a de bonnes chances pour que ce temps ne soit pas encore venu. Vous pouvez toujours ajouter des expériences et des activités à vos couches de la ziggourat qui font partie de votre « élan authentique. » Souvenez-vous, si nous retournons au diagramme des seaux dans l'introduction, chaque goutte de votre potentiel a la chance de devenir la partie de votre héritage — jusqu'à la dernière et en l'incluant.

Chaque goutte de votre potentiel a la chance de devenir la partie de votre héritage — jusqu'à la dernière et en l'incluant.

Maintenant, afin de nous en assurer, nous ne pouvons jamais nous débarrasser d'aucune partie de la ziggourat que nous avons construite pendant nos vies entières. Tout est là, c'est ancré en chacun de nous et ça fait partie de notre héritage. Par contre, nous *pouvons* toujours nous améliorer en travaillant une stratégie « du haut vers le bas » afin de déterminer une bonne direction pour nous selon notre plus grande vocation et nos véritables passions. C'est la meilleure façon de déterminer quoi faire avec le temps qui nous a été donné ou, pour beaucoup d'entre nous, le temps qui nous reste.

La façon de commencer est d'y penser et de noter les couches de votre propre ziggourat à ce moment-ci dans votre vie. Autrement dit, à quoi votre ziggourat personnelle ressemble-t-elle en ce moment? Remplissez chacune des couches du diagramme ci-dessous. C'est un exercice très constructif. Il vous aidera beaucoup à expliquer comment vous êtes arrivés où vous êtes dans la vie. Il devrait aider à donner du sens à toutes les expériences et aux « échecs » fous que vous avez vécus jusqu'ici. Dûment pris en considération, chacun de ceux-ci est devenu une partie de ce qui vous rend unique.

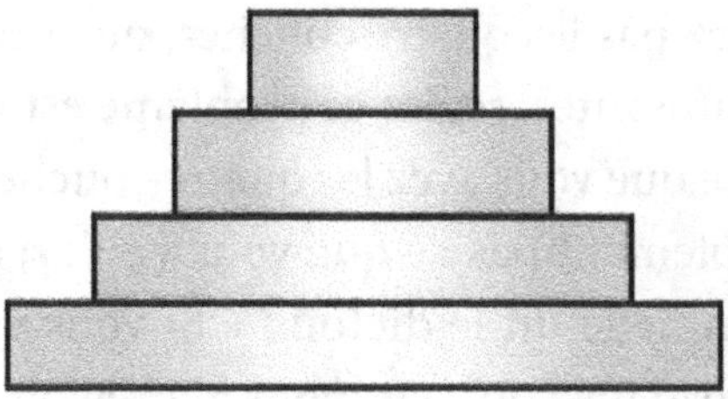

En général, à quoi ressemble votre ziggourat? A-t-elle tous les quatre niveaux? Sinon, vous avez identifié une grande partie de ce qui doit être fait — et tout probablement fournit une raison pour tout sentiment de désespoirs dans votre vie. Souvenez-vous que nous avons besoin des quatre couches pour maximiser notre potentiel et nous sentir le plus accompli.

Est-ce qu'il y a des manques dans vos couches? Si oui, les couches supérieures peuvent vraiment être en souffrance. Si une couche plus basse n'est pas forte, il est impossible de soutenir une couche au-dessus de celle-ci. Par exemple, peut-être qu'il y a un vrai manque dans vos passions. Cela empêchera certainement votre capacité à servir un objectif plus grand, puisque vivre avec des résolutions n'est rien si votre vie n'est pas vécue avec passion. Dans un autre scénario possible, si vous luttez pour arriver financièrement (c'est-à-dire que votre vocation pratique est faible), alors vous allez avoir de la difficulté à vous concentrer sur vos passions et à trouver de quelle façon elles pourraient servir un objectif plus grand. Dans de telles conditions, vous essayez probablement seulement de survivre. Ou considérons le cas où vos expériences préparatoires ne sont pas très fortes. Cela limite votre capacité de trouver une profession pratique qui fonctionne vraiment. Dans un cas comme celui-ci, cela voudrait dire de poursuivre plus d'éducations ou de formations pour construire une plus grande base sur laquelle on peut déposer une profession mieux réussie.

Alors, maintenant que vous avez pris conscience de l'endroit où vous êtes, il est temps d'envisager l'endroit où vous voulez aller. Si vous n'avez pas les quatre couches, ou si certaines de vos couches sont insuffisantes, régler ce problème est votre tâche immédiate. Peut-être que vous avez les quatre couches, mais qu'elles ne sont tout simplement pas ce que vous voulez; alors, vous devez changer. Comme le dit le dicton : « Si vous voulez voir certains changements dans votre vie, vous allez avoir à apporter des changements à votre vie. »

Tout comme dans les exemples des jeunes présentés auparavant, vous devez utiliser la même approche. Travaillez du haut vers le bas. Dessinez votre ziggourat de la façon dont vous *aimeriez* qu'elle soit. Quelle vocation ou quel objectif voulez-vous que le monument de votre vie serve? Quelle contribution globale pouvez-vous offrir avec le tas d'expériences et de réalisations que vous avez assemblées jusqu'à présent?

Parfois, c'est bien de se concentrer sur le haut, sur un objectif et une vocation de vie globaux. Rappelez-vous, Viktor Frankl nous a appris que c'est la plus grande priorité de l'homme. Maintenant, en travaillant vers le bas, essayez d'identifier lesquelles de vos passions dominantes seraient susceptibles de soutenir cet objectif global. Ensuite (et maintenant, cela devrait devenir familier), déterminez ce que vous pouvez toujours faire là où vous êtes dans votre métier pragmatique pour être conforme avec ces passions en pointant vers le haut, vers votre plus grand objectif. Est-ce qu'un changement dans votre profession est nécessaire? Est-ce que vous pouvez faire un mouvement latéral qui n'ébranlera pas trop votre état actuel, ou est-ce qu'un changement plus significatif est nécessaire? Plus le changement qui est requis est grand, plus de courage sera nécessaire pour le réaliser. Vous pourriez être comme John Grisham et poursuivre votre passion en dehors des heures de travail jusqu'à ce que vous ayez assez de résultats et qu'elle puisse remplacer votre métier pragmatique.

Les possibilités et les combinaisons sont infinies. La clé est qu'utiliser la ziggourat en prenant une approche du haut vers le bas vous indiquera la direction et utilisera toutes vos passions et vos capacités. En effet, elle peut être un moyen de vous « décoincer » et de vous permettre d'avancer vers une plus grande signification de votre vie et vers son accomplissement.

Les tournants

Tout cela ne signifie pas que vous construisez un chemin rigide qui ne peut pas être modifié. L'exercice d'utilisation de la ziggourat pour déterminer une orientation est flexible. Il est fort probable que le grand objectif au sommet ne changera pas beaucoup, mais plus vous descendez dans les couches, plus les choses vont probablement se transformer à mesure que le temps passe.

Dans l'acte IV, scène 3 de la pièce de *Julius Caesar*, de Shakespeare, Brutus récite de manière célèbre :

Les affaires humaines ont leurs marées,
Qui, saisies au moment du flux, conduisent à la fortune;

L'occasion manquée, tout le voyage de la vie
Se poursuit au milieu des bas-fonds et des misères..
En ce moment, la mer est pleine et nous sommes à flot,
Il faut prendre le courant tandis qu'il nous est favorable,
Ou perdre toutes nos chances.

C'est un bon rappel qu'il y a des moments clés dans notre vie où les occasions se présentent. Nous devons nous assurer de les saisir lorsqu'elles se présentent, ou nous courrons le risque d'être « poursuivis au milieu des bas-fonds et des misères ».

Comment savons-nous quelles occasions saisir et celles que nous devons laisser passer? Il y aura certainement beaucoup de choses comme celles-ci qui se présenteront qui seront *bonne* mais pas *parfaites.* Ce qui peut être une occasion parfaite pour une personne peut ne pas l'être pour une autre. C'est pourquoi des prescriptions générales telles qu'« aller à l'école, avoir de bonnes notes et obtenir un bon emploi sécuritaire » sont tellement trompeuses. Encore une fois, notre diagramme de la ziggourat peut aider.

Dans tous les cas, il nous suffit de comparer les possibilités aux couches de notre ziggourat. Est-ce que les possibilités s'ajustent à notre objectif ultime ou est-ce simplement une distraction? Est-ce que cela s'accorde avec nos passions et ajoute-t-il à ce que nous estimons être comblé en le faisant, ou ne convient pas tout à fait? Encore une fois, nous pouvons utiliser chacune des couches et voir où nous voudrions finalement les placer pour déterminer si quelque chose qui se présente est *pour* nous ou non.

Quand j'étais un étudiant du premier cycle en génie, j'ai eu connaissance d'un programme de bourse d'études pour les études supérieures qui m'a attiré. En premier lieu, cela rendait l'obtention d'un diplôme de maîtrise financièrement possible. Deuxièmement, cela me permettait de le faire immédiatement après l'achèvement de mon diplôme de premier cycle. Donc, tôt dans mes études universitaires, je me suis mis comme objectif de gagner cette bourse d'études et d'aller à une école en particulier. J'ai travaillé fort en restant concentré sur mon objectif et, finalement, j'ai obtenu la bourse.

Cependant, pour y arriver, j'ai dû m'inscrire dans trois universités différentes. Le diplôme d'ingénieur que je visais en particulier était un peu obscur, donc j'ai creusé un peu partout dans un livre des universités en bibliothèque et je me suis empressé d'inscrire deux choix différents. Je n'aurais jamais pu prédire ce qui arriverait par la suite. D'une façon ou d'une autre, pendant le processus de la demande, j'ai changé d'avis. L'école que j'avais rêvé de fréquenter pendant toutes ces années, qui m'avait accepté, a été balayée du revers de la main. J'ai plutôt choisi une des autres possibilités. Je n'avais même pas visité le campus! J'ai été attiré par cette université particulière parce que j'avais appris qu'ils envoyaient les étudiants à l'étranger pour effectuer le travail sur leur thèse. Cela m'a vraiment plu. En plus, cette école était beaucoup plus près de chez nous et, d'une façon ou d'une autre, cela me réconforta. Il y avait sans doute d'autres raisons, mais je ne m'en souviens plus.

Ce petit changement de direction devint un tournant majeur dans ma vie. Parce que j'ai fréquenté cette école, j'ai rencontré mon épouse. Également, après l'obtention de mon diplôme, je suis retourné dans ma ville natale et je me suis associé à quelques collègues qui deviendraient non seulement des amis pour la vie, mais aussi des associés en affaires à long terme. Rien de tout cela ne serait arrivé exactement de cette manière si j'avais fréquenté l'école que j'avais choisie en premier.

N'importe qui d'entre nous qui avons un certain nombre d'années d'expérience peut indiquer les tournants similaires à ceux-ci dans nos vies. Cependant, il est aussi probable qu'il y en a eu très peu. Les tournants de cette ampleur sont aussi importants qu'ils sont rares. Comment pouvons-nous savoir lesquels prendre « à flot » et lesquels laisser passer? De nouveau, si nous nous rapprochons des couches du diagramme de notre ziggourat, nous pouvons avoir une sensation de sécurité qui confirme que nous faisons le bon choix.

Bien sûr, personne ne peut savoir avec certitude. Les choix se présentent, et nous faisons du mieux que nous pouvons. Par contre, en partant en sens contraire, de notre plus grand objectif vers le plus bas est la garantie que nous ne choisirons pas quelque chose qui nous déroutera. Même mon changement soudain de direction était toujours conforme à mes passions et à ma direction globale. En conséquence, ça a formé une grande partie de mes expériences préparatoires qui m'ont mené où je suis aujourd'hui (où que ce soit).

C'est votre vie

Souvenez-vous que c'est *votre* vie. Vous êtes le seul à pouvoir vivre la vie à laquelle Dieu vous a appelé. Vous êtes le seul à pouvoir combler votre propre destin et votre plus grand objectif. Tôt ou tard, vous devez pourchasser cette raison pour laquelle vous êtes ici, ou vous souffrirez misérablement à savoir que vous ne le faites pas. Cela vous hantera dans ces heures calmes de vos jours. Vous l'entendrez chuchoter dans l'obscurité de la nuit. Cela ne vous laissera pas tranquille avant que ce soit vraiment trop tard. Et soyez-en assuré; il y a un trop tard. Il y a une autre mauvaise expression de motivation qui l'accompagne : « nous tombons 99 fois et nous relevons 100 fois »; c'est celui qui dit : « il n'est jamais trop tard. » Il y a très certaine-

Tôt ou tard, vous devez pourchasser cette raison pour laquelle vous êtes ici, ou vous souffrirez misérablement à savoir que vous ne le faites pas.

ment un « trop tard ». Il y en a toujours un. Ça ne l'est pas *encore*. c'est tout. Ce n'est pas trop tard *encore*.

Il est extrêmement important de considérer votre vie comme un cheminement de découvertes. Vous déterrez votre plus grande vocation et votre but le plus profond. Plusieurs d'entre nous ne savent pas trop ce que c'est jusqu'à ce nous ayons vécu pendant longtemps. C'est correct. Si nous allons dans la direction indiquée par notre ziggourat, nous serons au moins sur la bonne voie. Nous nous découvrirons en cours de route. Nous avons été doués dans cette vie, dans notre corps, dans notre esprit et dans notre âme, dans nos compétences, dans nos talents et dans nos tempéraments. Le jeu est d'apprendre qui nous sommes, ce que nous avons reçu, et comment nous sommes faits, et à déterrer — progressivement, étape par étape — ce que nous devons faire et qui nous devons devenir.

Ne cherchez pas un domaine de travail; au lieu de cela, recherchez une direction qui vous fait *frémir*.

Ne cherchez pas un domaine de travail; au lieu de cela, recherchez une direction qui vous fait *frémir*. C'est une grande aventure. C'est un projet de construction comme aucun autre. Et c'est uniquement le vôtre. Faites seulement ce que vous seuls pouvez faire et faites-le comme personne d'autre, car il n'y a jamais eu, et il n'y aura jamais, une autre personne comme vous. Votre place en ce monde est une adresse que vous seul pouvez occuper.

L'actualisation

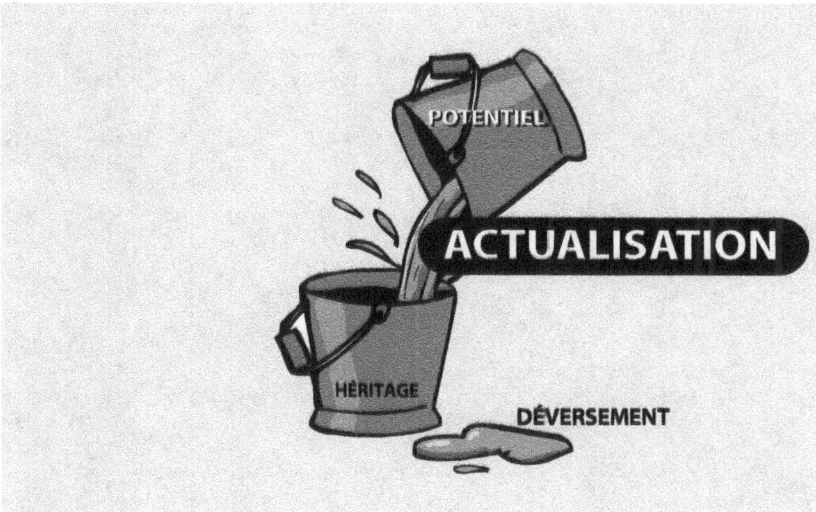

Comment procéderez-vous?

– 3 –
La difficulté

Guy Kawasaki a écrit : « Le succès requiert des personnes folles, passionnées, qui croient qu'elles peuvent changer le monde ». Tim McGraw chante : « À quel point le voulez-vous vraiment? À quel point en avez-vous besoin? Est-ce que vous mangez, dormez et rêvez avec cette seule chose à l'esprit?… Parce que si vous voulez tout cela, vous aurez à tout risquer ». Chacun de ces énoncés suggère qu'il y a un petit quelque chose de plus à propos du succès. Les statistiques le prouvent.

Considérons que le ratio de succès moyen des nouvelles entreprises n'est que de 50 pour cent après leurs premiers cinq ans d'opération, avec seulement 35 pour cent de ces entreprises qui sont toujours là après dix ans. En fait, celles-ci ne font souvent jamais d'argent dans la première décennie, et payent à peine leurs premiers investisseurs.

Et que dire du petit pourcentage d'athlètes de niveau scolaire qui atteignent le niveau professionnel? Seulement six joueurs de baseball de niveau secondaire sur 1000 atteindront les ligues majeures, ou seulement 11,6 pour cent des joueurs de niveau collégial. Au football, c'est pire encore, avec seulement huit joueurs sur 10 000 qui trouveront le chemin de la LNF, ou seulement 1,7 pour cent des joueurs collégiaux. Les chances sont similaires au hockey, au basketball et au soccer. Et ce qui est encore plus décourageant est la durée de la carrière de ces joueurs professionnels. Au baseball, c'est à peu près 5,6 années, au basketball, 4,8 années, et, au football, seulement 3,5 années. C'est beaucoup d'efforts pour une carrière aussi courte.

Donc, avoir une entreprise semble difficile. Faire une carrière dans le sport semble difficile. Si l'on parlait d'une autre catégorie? Parlons d'écrire des livres. Sur à peu près un million de livres publiés chaque année, seulement 200 en vendront plus de 100 000 exemplaires. C'est environ deux sur 10 000.

Et que dire du métier d'acteur? Qui ne voudrait pas être une star du cinéma et avoir son nom affiché en grande lettre? Apparemment, seulement 2 pour cent de ceux qui veulent en faire une carrière à temps plein en vivent.

Éloignons-nous un peu des carrières comme mesure de succès. Regardons ensemble quelque chose de totalement différent – disons, le mariage. Selon l'expert en divorce et en mariage Marty Friedman, 50 pour cent des premiers mariages se terminent par un divorce, et 60 à 70 pour cent d'un second mariage aussi. Et les résultats de ce taux de réussite lamentable sont déprimants : la séparation des couples compte pour 63 pour cent du taux de suicide chez les jeunes, 90 pour cent des sans-abris/des fugueurs, 85 pour cent des problèmes de comportement et 71 pour cent des décrocheurs scolaires.

Que dire de l'établissement des objectifs en général? Comment font les gens qui réussissent à atteindre les objectifs qu'ils se sont fixés? Malheureusement, les chiffres ne s'améliorent pas là non plus. Selon le chercheur Douglas Vermeeren, 80 pour cent des gens ne se fixent jamais d'objectifs. Et parmi ceux qui le font, environ 70 pour cent n'atteignent pas les objectifs qu'ils se sont fixés.

Souvent, les étudiants quitteront l'école parce que le programme d'études est trop difficile. Ou des individus démarreront une nouvelle entreprise et se plaindront que le succès leur semble impossible à atteindre. Les gens partout vous diront à quel point il est difficile d'avoir un bon mariage. La désillusion et la frustration suivent toujours de près la collision entre les rêves et la réalité. La vérité c'est que d'avoir du succès partout, en tout, est extrêmement difficile. Trouver l'excellence, exceller dans ce qu'on fait et « le réaliser », ce n'est pas automatique ou facile.

Souvent, les gens croient, à tort, que la difficulté d'une tâche est la faute de la tâche elle-même. Par exemple, l'étudiant qui se plaint de son programme d'études pourrait conclure que ce programme est un simple défi stimulant. Bien que cela puisse être vrai, l'histoire ne finit pas là. Ce que le collégien ne réalise pas, c'est que le programme est simplement une représentation du processus de la réussite en général. Il est facile de faire porter la responsabilité au programme quand, en réalité, c'est le *succès lui-même* qui est difficile à atteindre.

Les lois du succès sont brutales, sans cœur et cohérentes. Quand les gens s'y butent, ils ont tendance à faire porter la responsabilité à l'instrument spécifique qui leur a enseigné la leçon, au lieu de réaliser la profondeur de la leçon elle-même. C'est la vieille erreur de tirer sur le messager parce que quelqu'un n'aime pas le message. Souvenez-vous : le succès, *le vrai succès*, n'importe où et en tout, est difficile, sinon, ce ne serait pas un succès. Donc, ne vous inquiétez pas lorsque vous rencontrez des difficultés, parce que c'est normal. Plus que cela, c'est bon pour nous.

Le pêcheur de truite en enfer

Il y a une vieille histoire d'un pêcheur qui croit qu'il est mort et qu'il est au paradis après avoir attrapé des truites parfaites de deux livres chacune, l'une après l'autre. Alors qu'il attrapa une autre truite avec une nouvelle mouche et un hameçon, il ne croyait pas encore à sa bonne fortune. Le ciel était bleu, la température était idéale, les poissons mordaient comme jamais auparavant et tout était parfait. Toutefois, ce ne fut pas long avant qu'il ne reprenne ses esprits et qu'il réalise qu'il n'était pas au paradis. C'était plutôt l'ennui qui le gagnait peu à peu, et il réalisa qu'il était réellement en *enfer.*

Il est difficile de décrire à quel point cette petite parabole m'a vraiment frappé la première fois que je l'ai lu. J'ai été époustouflé par le concept que, si toutes les petites choses étaient parfaites, la situation en générale ne le serait pas pour autant. En un instant, cette réalisation a effacé en moi toutes mes plaintes sur la difficulté à atteindre le succès, sur le fait qu'il semble insaisissable. L'histoire du pêcheur de truite en enfer est tellement extrême, si « apparemment » ridicule, que nous sommes confrontés à un fait déroutant et étrange : nous haïssons peut-être l'opposition et la lutte, mais elles sont essentielles pour notre état de santé mentale. Sans aucune lutte, nous ne ressentirions aucune joie dans la victoire.

Sans aucune lutte, nous ne ressentirions aucune joie dans la victoire.

Comment est-ce possible? Comment peut-il être vrai que nous sommes réellement plus joyeux et plus épanouis après avoir surmonté l'opposition que lorsque tout est facile et que tout fonctionne bien? C'est à cause de la façon dont nous sommes faits. Sans bataille à gagner et sans ennemis à vaincre, la valeur du guerrier tombe à zéro. Dans les célèbres mots de Thomas Paine : « Ce que nous acquérons trop facilement, nous le respectons trop à la légère ». En d'autres mots, si nous ne l'avons pas mérité, nous ne pouvons pas l'apprécier.

C'est profond et cela devrait fournir une réponse révélatrice contre toutes ces statistiques lamentables ci-dessus. Si l'on ne considérait que les statistiques et les « chances de réussite », la plupart d'entre nous ne sortiraient jamais du lit le matin, et encore moins d'entre nous se forceraient à étudier pour ce prochain examen de calcul ou pour aller chercher une qualification supérieure pour son travail. Vous voyez, il n'importe pas vraiment de savoir à quel point le succès est difficile à atteindre et quelles sont les chances de réussir. Ce qui importe est notre lutte contre l'opposition, la force de notre volonté contre la force de tout ce qui pourrait essayer de nous arrêter.

Non seulement cela nous donne une bonne raison d'aller de l'avant, mais le processus nous rend meilleurs. C'est la résistance des poids qui renforce les muscles. Ultimement, ce n'est pas vraiment important si le succès est difficile à atteindre. Ce qui est important, c'est de poursuivre cet objectif de toute façon.

Les dures réalités du succès

Obtenir les bonnes expériences préparatoires, trouver une bonne occupation pragmatique, poursuivre vos passions et accomplir votre unique vocation résolue dépendent largement de la façon dont vous comprenez le succès et de quelle façon vous percevez tout ce qui peut survenir tout au long de votre trajet. C'est une chose de construire une ziggourat dans le confort de votre imagination et de vos rêves; c'est entièrement autre chose de l'actualiser dans la réalité grâce au travail acharné de toute une vie. Toutefois, si vous construisez vraiment la bonne ziggourat – celle qui correspond à tout ce que vous êtes et à tout ce que vous avez conçu pour réussir – tout cela vous donnera l'impression que ce n'est pas travailler. En fait, vous trouverez que ce travail est plus amusant que le plaisir. Vous pourrez vraiment vous plonger dans les tâches qui seront devant vous avec enthousiasme parce que c'est votre « élan authentique ».

Cependant, même le capitaine Junuh a dû apprendre à penser correctement à propos du succès afin d'être concurrentiel dans le tournoi. Par conséquent, considérons dix réalités du succès. Ayez une idée réaliste des choses qui se trouveront sur votre chemin pour les affronter avec aplomb.

1. *Vous allez travailler d'arrache-pied.*

   La grandeure nécessite de l'investissement personnel, il n'y a pas d'échappatoires. Pour atteindre la grandeur, peu importe la catégorie, cela nécessitera que vous vous surpassiez — et parfois beaucoup. Toutefois, d'un autre côté, c'est qu'à un moment donné (et probablement à plusieurs moments donnés tout au long de votre chemin), cela cessera de paraître comme du travail et, à la place, cela deviendra une magnifique obsession. Encore une fois, c'est pourquoi il est si important de tracer le bon itinéraire pour la ziggourat afin que vous n'ayez pas à travailler fort sur quelque chose qui n'est pas aligné avec qui vous êtes et avec ce que vous devez accomplir. Le travail le plus difficile au monde est le travail inutile. Pensez à des détenus en train de pelleter du gravier sur le bord de la route (c'est quelque chose que j'ai vu aujourd'hui lors d'une balade en moto) – ce n'est pas exactement l'image d'une éthique de travail très élevée.

   Le travail le plus difficile au monde est le travail inutile.

2. *Vous aurez l'impression d'être un imbécile.*

   Notre société a modelé un drôle d'esprit double lorsqu'on parle de succès. Tout le monde veut voir le bébé, mais personne ne veut entendre parler des douleurs de l'accouchement. Le succès nécessite de la pression et de la douleur, et lorsque nous surmonterons les résistances et les oppositions, il y aura inévitablement des moments où nous nous demanderons : « est-ce vraiment ce qu'ont fait les gens de succès? Ils ont fait *cela*? »

Je n'oublierai jamais les premiers jours lorsque j'ai travaillé sur ma partie de l'ébauche du manuscrit d'Orrin Woodward et de moi qui est devenu un livre à succès, *Launching a Leadership Revolution (Lancer une révolution en leadership).* J'étais seul dans ma maison, je tapais à la machine à écrire, j'avais l'impression que j'étais un imposteur qui écrivait n'importe quoi. C'est seulement plus tard que j'ai appris en discutant avec d'autres auteurs qu'ils se sentaient parfois de la même manière, et ce, même après avoir plusieurs livres à succès sur le marché! Le revers de la médaille du fait de se sentir comme un imbécile est que, éventuellement, si vous y restez assez longtemps, vous vous sentirez comme un champion.

3. *Vous allez rencontrer des crétins.*

   Il n'est probablement pas très poli d'appeler les gens de toutes sortes de noms, mais je n'ai trouvé aucune autre façon de vous préparer à ce qui suit, sans vous laisser savoir qu'ils sont là. Vraiment. Même notre ami Viktor Frankl a écrit ceci : « Il y a deux races d'homme dans ce monde, mais seulement ces deux-là – la "race" des hommes décents, et la "race" des hommes indécents. Les deux se trouvent partout. Ils s'infiltrent dans tous les groupes de la société ». Jimmy Buffett le chantait d'une manière plus poignante : « Les bons moments, la richesse et le fils de______es j'en ai vu plus que je peux me rappeler ». Le revers de la médaille est que vous croiserez aussi de nombreuses personnes merveilleuses.

4. *Vous douterez de vous-même (et à propos d'à peu près tout le reste).*

   Il est normal d'avoir des doutes le long de

la route. Vous serez tenté de penser que vous n'êtes pas digne de faire ce que vous faites ou que ce que vous poursuivez n'en vaut pas la peine.

Cela me rappelle l'histoire du petit garçon qui se faisait intimider tous les midis en se faisant prendre son argent du dîner. Pour être capable de se défendre, il décida de s'inscrire dans une classe de karaté. Après la première semaine de cours, l'instructeur lui demanda quinze dollars pour ses services. Le petit garçon quitta promptement la classe de karaté et décida qu'il était plus facile de continuer à payer l'intimidateur plutôt que de payer pour apprendre à le combattre.

Cette tentation se présentera toujours à tous ceux qui poursuivent l'excellence. Parfois, nous pensons qu'il est plus facile de payer le petit prix quotidien de la médiocrité plutôt que le prix à long terme de l'excellence. Éventuellement, d'un autre côté, vous arriverez à vous respecter par le biais de la lutte contre les doutes.

5. *Vous aurez des revirements.*

Personne, peu importe à quel point la direction vers le succès peut paraître directe aux yeux des observateurs, n'a jamais atteint ses rêves en ligne droite. Il y aura toujours des revirements et des revers sur le chemin du succès. C'est inévitable. C'est normal de subir des échecs à l'occasion, parce qu'ils sont fondamentalement nécessaires. Il n'est pas acceptable d'autoriser ces échecs à devenir les résultats finaux. En fait, un échec n'est jamais vraiment un échec s'il n'est pas final. C'est simplement le prix à payer pour une leçon apprise, qui peut nous aspirer vers l'avant. L'envers de celle-ci est double : il est clair qu'avec les revirements viendront les avancements, aussi, si l'on ne s'arrête pas. En outre, les revirements ont un avantage secondaire, soit celui de forger le caractère..

6. *Quelqu'un (ou plusieurs « quelqu'un ») vous sermonnera.*

   Des conseils non sollicités sont aussi communs qu'un rhume et aussi importuns. Pour une raison quelconque, dès qu'une personne commence un voyage vers l'excellence, il y a des hordes qui arrivent sur le quai pour vous avertir qu'il y a « des monstres dans ces eaux ». Certains de ceux-ci seront des conseils bien intentionnés, alors que d'autres auront une bouffée de jalousie ou d'envie. Poursuivez votre voyage quand même, comprenant que même si certains vous sermonneront, d'autres apprendront plutôt de vous. Soyez un excellent exemple.

7. *Vous aurez à faire un million d'ajustements imprévus.*

   D'accord, un million n'est pas un chiffre déterminé scientifiquement, mais il transmet l'impression que vous aurez. Comme les moments décisifs décrits précédemment, plusieurs plus petits ajustements seront nécessaires. Il n'existe aucun moyen pour un marin qui planifie son trajet de prédire combien de coups de gouvernail il devra donner avant d'arriver à destination. Il s'ajuste régulièrement au fur et à mesure qu'il avance, tout en gardant en tête sa destination finale. Tout voyage vers l'excellence se passe ainsi. Soyez flexible et restez vigilant à la nécessité de faire des corrections de trajectoire. Souvenez-vous de la formule, planifier-faire-vérifier-ajuster (P-F-V-A). Répétez cette formule souvent et, quand c'est possible, avec la collaboration de quelqu'un qui est rendu plus loin que vous dans votre voyage..

8. *Vous vous comparerez aux autres.*

   Inévitablement, sur le trajet de votre voyage, vous

serez tenté de vous comparer aux autres. Il se peut que leur trajectoire vous semble plus facile, leurs dons meilleurs ou leur destination plus proche. Prenez garde : la comparaison est la racine de toute tristesse. Souvenez-vous de tout ce que vous avez appris au sujet de votre voyage, qu'il est unique et précisément propre à vous. Embrassez qui vous êtes et ce que vous êtes appelé à accomplir comme un précieux cadeau. Vous ne pouvez pas vivre la vie de quelqu'un d'autre de toute façon, donc vous êtes aussi bien d'aller de l'avant et de faire de votre mieux. La meilleure façon de faire cela est de vous comparer au meilleur vous que vous pouvez devenir. Comme John Newton l'a dit : « Je ne suis pas ce que je devrais être. Je ne suis pas ce que je veux être. Je ne suis pas ce que j'espère être. Cependant, je ne suis pas ce que j'ai déjà été. Et par la grâce de Dieu, je suis ce que je suis ».

9. *Vous serez frustré par un manque de progrès.*

Il y a un dicton utile qui dit que la plupart des gens surestiment ce qu'ils peuvent accomplir en un an, mais sous-estime ce qu'ils peuvent accomplir en cinq ans. La plupart des frustrations sont nées d'un échéancier trop serré. Encore une fois, si vous gardez vos yeux fixés sur la ziggourat de votre vie, comprenant que vous actualisez autant que possible de votre potentiel dans votre héritage, vous serez à l'épreuve de la frustration qui vient habituellement de vos pensées à court terme. En revanche, bien sûr, c'est que vous serez grandement encouragé quand les victoires viendront vers vous. La meilleure stratégie est de vivre de

La plupart des frustrations sont nées d'un échéancier trop serré.

la précédente jusqu'à ce que vous accomplissiez la prochaine.

10. *« Ils » vous appelleront chanceux (ou diront que vous avez triché).*

Albert Einstein a dit : « Les grands esprits ont toujours rencontré de violentes oppositions de la part des esprits médiocres ». Il y a quelque chose de presque automatique à propos des gens qui veulent s'approprier le mérite de vos réalisations. Attendez-vous-en. Bien sûr, ne leur donnez pas de munitions pour leurs armes en vivant d'une manière à mériter une telle critique, mais rendez-les plutôt fous avec votre flagrant exemple positif de caractère et de classe. En fin de compte, la réputation est ce que les gens disent à votre sujet, tandis que votre caractère est ce que vous êtes vraiment. Vous ne contrôlez que le second de ces énoncés; par conséquent, concentrez-vous sur celui-ci et laissez les chiens aboyer dans la nuit. Ils ne vous appartiennent pas, donc vous n'êtes pas responsable de les nourrir de toute façon.

Les problèmes sont les assaisonnements qui donnent un petit goût sucré à la victoire.

Le message est le suivant : le succès peut être difficile, mais ça en vaut la peine, en supposant, bien sûr, que votre définition du succès est conforme avec le but le plus élevé que vous vous êtes fixé (ou pour lequel vous avez été appelé) au sommet de votre ziggourat. Continuez de verser votre potentiel dans l'actualisation en vous souvenant que vous êtes en train de construire un chef-d'œuvre de votre vie et qu'aucune difficulté rencontrée sur votre route ne peut vous arrêter. Souvenez-vous que les problèmes sont les assaisonnements qui donnent un petit goût sucré à la victoire.

– 4 –
L'effort

Mes deux fils aînés, Casey et Nate, jouent au soccer dans un club compétitif. On peut dire qu'ils sont des fanatiques. Ma femme Terri et moi, n'avons aucune idée d'où cela vient comme aucun de nous ne connaissait quoi que ce soit sur ce sport avant ce premier voyage fatidique, il y a des années, à l'établissement local de soccer. Tout débuta avec un groupe de quatre ans, regroupé autour d'un ballon et il est revenu à la maison pour s'y installer, comme la plus grande terreur, qui eut une emprise sur nos horaires pour toujours. Chaque fois que nous nous retournons (et nous nous retournons souvent ces jours-ci), il y a un autre tournoi, une autre compétition hors de l'État ou un autre camp ou un entraînement. Quand mes garçons ne jouent pas au soccer, ils regardent la télévision par satellite, ils reproduisent l'accent anglais parfaitement jusqu'à imiter les annonceurs et ils sont capables de réciter les noms des joueurs étrangers dans cinq pays différents.[1]

Fait intéressant, cependant, ils sont arrivés à leurs différents niveaux de jeu en prenant deux voies très différentes. Casey, le plus vieux, n'a pas été le meilleur joueur dans aucune de ses équipes. Il a toujours été un participant respectable, mais pas dominant, surtout dans les premières années. Cependant, il a toujours

1 Ils me corrigent en me disant que c'est plus que cinq, mais dans les mots de Ponce Pilate,: « J'ai écrit ce que j'ai écrit ».

aimé ça et semblait le prendre plus au sérieux que la plupart des autres enfants de son équipe.

D'autre part, Nate, ayant eu l'avantage de trois années à observer et à regarder jouer son aîné, attendant impatiemment dans ses couches pour sa « grande chance », a pratiquement explosé sur la scène. Dans presque toutes les situations à travers les années, il a été le meilleur marqueur de son équipe et certainement l'un des meilleurs joueurs.[2] Aujourd'hui, les deux sont des joueurs très accomplis, s'amusant énormément et apportant des contributions aux meilleures équipes compétitives. Le fait est qu'ils y sont arrivés, par deux façons totalement différentes.

Casey a travaillé dur, sans arrêt depuis plus de dix ans. Il est l'un des joueurs les plus sérieux à l'entraînement, il travaille fort et soulève des poids, afin de bâtir sa force sur son propre temps. Il peut aussi bien me demander de l'emmener sur des terrains de soccer, à proximité, pour travailler sur une partie de son jeu, comme il l'est à s'asseoir et se détendre. D'autre part, même si Nate a certainement travaillé fort aussi, beaucoup de son jeu vient de ce que ses entraîneurs disent, qui sont les choses « inéducables ». Il semble être tout simplement doté d'un talent naturel.

Les routes multiples au succès

La raison de ces vantardises sans gêne au sujet de mes fils, est de montrer comment on peut arriver aux mêmes résultats (dans ce cas, être des joueurs de soccer compétitifs) de différentes manières; il y a de multiples routes à l'accomplissement. Ceci est utile parce que nous ne commençons pas tous à des positions de départs égaux. Chacun commence à partir d'un début

2 Maintenant, avant que vous ayez l'idée que je suis un de ses pères, qui crient que ses enfants sont des phénomènes et des destinées à mener le monde dans leur jeu, je ne le suis pas. Je les utilise simplement comme exemple. Je suis certain qu'ils ne sont qu'un peu mieux que vos enfants.

unique, avec des talents, des aptitudes et des perspectives particuliers. Ceux-ci, favorisent certaines personnes et en handicapent d'autres, selon la tâche devant eux.

Peut-être que vous sentez, que vous êtes un peu en retard par rapport aux autres dans la vie. Vous n'avez pas la meilleure éducation, ou vous avez été retenu ou abaissé d'une manière ou d'une autre. Peu importe ce que vous avez essayé de faire, il y a toujours eu une petite voix à l'intérieur, qui suggérait que vous ne vous mesuriez pas tout à fait aux autres, que vous n'aviez pas vraiment ce qu'il faut.

Au contraire, peut-être que vous avez l'impression que vous avez eu une bonne avance dans la vie. Vous avez reçu des talents et des perspectives ,sur lesquels vous avez été en mesure de compter pour avancer jusqu'à ce point dans votre vie. Si vous étiez honnête avec vous-mêmes, vous auriez même admis que vous avez l'impression d'être un peu en avance sur beaucoup de gens dans votre vie. Vous savez que vous avez reçu des cadeaux et vous aimez les utiliser.

Les gens, dans ces deux scénarios, doivent comprendre un peu plus profondément le concept, qu'il y a plusieurs routes vers le succès. Pourquoi? Parce qu'au fil du temps, l'excellence devient de plus en plus à propos de l'effort que l'ambitieux soutient et c'est de moins en moins à propos de son talent initial et de ses débuts avantageux.

La formule pour le rendement élevé

La plupart d'entre nous ont une idée assez bonne sur tout ce que va impliquer un exploit, en fortes doses d'efforts ardus. En fait, nous en avons déjà discuté. Par contre, travailler fort n'est pas toute l'équation. Il est tout à fait possible de travailler extrêmement fort et de ne jamais vraiment arriver à quelque chose. C'est parce que l'on peut travailler fort, mais pas *intelligemment*.

Travailler intelligemment, c'est la façon la plus avantageuse de faire les choses. Habituellement, cela implique d'apprendre des entraîneurs, des mentors, des livres et des enseignants, qui ont plus de connaissances que vous. Ce raccourci, à travers un champ de mine, est sur les traces de quelqu'un qui a déjà fait ce passage avec succès. Alors que quelques essais et erreurs sont inévitables et tout à fait nécessaires tout au long du chemin, le travail intelligent profite de la connaissance des autres. Certains affirment, que l'expérience est le meilleur professeur, mais en vérité, l'expérience des autres personnes est la meilleure.

Jusqu'à présent, dans notre formule de rendement élevé, nous avons le *travail difficile* avec le *travail intelligent*. Il est facile de voir, qu'ils ont tous les deux, une grande importance pour atteindre l'excellence dans tous les domaines. Cependant, il y a un dernier facteur à considérer, sans lequel, rien ne se passerait. Ce dernier facteur, est l'effet puissant du temps. Ça prend simplement du *temps* pour atteindre l'expertise.

Katsushika Hokusai, était un peintre, qui a vécu à la fin des années 1700 et au début des années 1800. Selon Paul Johnson, « En effet, Hokusai, a créé la peinture du paysage japonais en ne partant de rien. Comme Dürer, il était une combinaison de fierté dans ses compétences et de modestie, tirée par la volonté de se perfectionner et de s'améliorer. »

Dans une lettre à son éditeur, Hokusai a écrit :

> À partir de l'âge de six ans, je pouvais dessiner des formes et des objets. À 50, j'avais réalisé un nombre infini de dessins. Et pourtant, je ne suis pas heureux avec quoi que ce soit que j'ai produit avant 70. C'est seulement à 73, que j'ai commencé à comprendre la vraie forme de la nature, des oiseaux, des poissons et des plantes. À 80, j'avais fait beaucoup de progrès. À 90, je commencerai à aller à la racine de tout cela.

Plus tôt, nous avons discuté du fait, que les gens surestiment ce qu'ils peuvent accomplir en peu de temps, mais semblent sous-estimer paradoxalement ce qu'ils peuvent réaliser dans un temps plus long. C'est parce que presque tout le monde, sous-estime la puissance de la capitalisation Einstein a dit (en faisant référence à l'intérêt sur l'argent), que c'était la huitième merveille du monde.

L'auteur, Malcolm Gladwell, a popularisé la recherche qui indique qu'environ dix mille heures d'entraînement délibéré, sont nécessaires pour atteindre la maîtrise d'une tâche donnée. Entre autres, la recherche originale provient du neurologue Daniel Levitin, qui a écrit : « Le tableau qui se dégage de ces études, présente que dix mille heures d'entraînement sont nécessaires pour atteindre le niveau de maîtrise associée au fait d'être un expert de classe mondiale dans quoi que ce soit. »

Selon Gladwell, « Personne n'a encore trouvé un cas dans lequel une véritable expertise, de classe mondiale, a été réalisée en peu de temps. »

Le chercheur, K. Anders Ericsson, a écrit dans le document intitulé « Le rôle de l'entraînement délibéré dans l'acquisition de la performance d'experts », que '«L'entraînement délibéré fait toute la différence. Les différences entre des artistes experts et des adultes normaux, reflètent une période d'un effort délibéré pour améliorer les performances dans un domaine spécifique tout au long de la vie ».

Nous avons commencé ce chapitre avec le soccer, donc prenons un exemple de ce sport. Les statisticiens sportifs Simon Kuper et Stefan Szymanski ont écrit :

> Pourquoi est-ce que beaucoup des meilleurs joueurs européens de soccer (Zidane, Drogba, Ibrahimovic, Rooney, Cristiano Ronaldo) viennent des quartiers les plus pauvres en Europe? ... La réponse a cela, c'est par l'entraînement. ... Dans le soccer, c'est les garçons eu-

> ropéens les plus pauvres, qui sont les plus susceptibles d'atteindre la barre des 10 000 heures.....Leurs parents sont moins susceptibles, que les parents de la classe moyenne, de les forcer à perdre du temps précieux à faire leurs devoirs. Et ils ont moins d'argent pour d'autres activités de loisirs. Une constante dans les autobiographies fantômes des joueurs de soccer, est l'enfance monomaniaque des joueurs, passée à jouer au soccer sans arrêt et une histoire classique, dormir même avec un ballon... Au moment où les garçons avaient atteint leurs quinze ans, ils sont de bien meilleurs joueurs que les enfants des banlieues. La règle de 10 000 heures explique aussi pourquoi les Noirs, élevés dans les ghettos américains, sont surreprésentés dans le basket-ball et le football.

Il ne faut pas regarder toutes ces recherches et penser tout simplement qu'il faut beaucoup de temps pour réussir. C'est passer à côté de la question. Au lieu de cela, cette information devrait être libératrice, car cela prouve que *n'importe qui* peut le faire s'il est prêt à mettre le nombre d'heures requises. De plus, la plupart des gens *ne vont pas* faire ce qu'il faut! Cela signifie qu'il y a relativement peu de concurrence « au sommet. » Geoff Colvin, un rédacteur en chef du magazine *Fortune* a écrit : « La réalité de l'entraînement délibéré est difficile. Elle peut même être vue comme de bonnes nouvelles. Cela signifie que la plupart des gens ne vont pas le faire. »

N'importe qui peut le faire s'il est prêt à mettre le nombre d'heures requises.

Un groupe de recherche de « West Point », l'Université de Pennsylvanie et l'Université du Michigan, a mené une étude pour déterminer pourquoi certains étudiants ont choisi de continuer à poursuivre la maîtrise militaire tandis que d'autres, sont tombés le long du chemin. Ils ont constaté que le meilleur prédicateur de la réussite, était quelque chose appelé « le cran », qu'ils décrivent comme « la persévérance et la passion pour les objectifs à long terme ». Ils écrivent; « En considérant que l'importance de travailler plus fort est facilement appréhendée, l'importance de travailler plus longtemps sans changer les objectifs peut être moins perceptible... dans tous les domaines, "le cran" peut être aussi important, que le talent, à une grande réalisation. »

Par conséquent, la formule de rendement élevé ressemble à ceci :

Un travail ardent

×

Un travail intelligent

×

10 000 heures du temps (Cran)

=

Une expertise de classe mondiale.

La victoire à ceux qui « s'efforcent »

Comme mes garçons l'ont démontré, dans leurs premières expériences de soccer, au fil du temps le travail ardu et intelligent peut rattraper tout avantage qu'un talent brut fournissait auparavant. Si Casey continue à travailler dur et à mettre de l'entraînement productif, avec la croissance personnelle intentionnelle, il peut finir par jouer mieux que les jeunes qui auparavant le devançaient à cause d'un talent précoce différentiel. D'autre part, si Nathaniel apprend de ceci et reproduit la même formule de travailler fort et intelligemment, avec la puissance exponentielle du temps, il devrait être presque illimité dans son potentiel. S'il s'appuie sur son talent inné, toutefois, il devrait s'attendre à être dépassé éventuellement, par ceux qui essayent toujours plus fort.

Ceux-ci sont les leçons qui forment chacun des scénarios que nous avons décrits ci-dessus. Ceux qui se sont toujours sentit un peu en retard des autres et pas digne des plus hauts honneurs, peuvent maintenant réaliser qu'avec assez de travail ardu, assez de travail intelligent, en plus du temps, tout est possible. Au contraire, ceux qui se sont rendus à ce point avec le talent et les avantages précoces seulement, feraient mieux de se réveiller à la vérité que ceux qui « s'efforcent », sont sur le pied de guerre et les dépasseront s'ils ne se branchent pas à la même formule.

Il n'y a rien de nouveau. Il y a près d'un siècle, le président des États-Unis Calvin Coolidge, prononçait ce conseil célèbre:

> Rien dans ce monde ne peut prendre la place de la persévérance. Le talent ne le prendra pas; rien n'est plus commun que les gens qui n'ont pas de succès avec des talents. Le génie ne le prendra pas; le génie non récompensé est presque un proverbe. L'éducation ne le prendra pas; le monde est plein de personnes éduquées, qui abandonnent. Seules, la persévérance et la détermination sont toutes-puissantes. Le slogan « Fonce vers l'avant » a résolu et permettra toujours de résoudre les problèmes de la race humaine.

Cela bien sûr, paraît vrai dans la mesure que ce « Fonçage vers l'avant » s'effectue dans une manière intelligente, comme nous l'avons vu.

La puissance exponentielle de l'effort

Pourquoi faut-il procéder ainsi? Pourquoi exactement, le travail fort, multiplié par le travail intelligent ,pendant assez de temps, mène-t-il à une expertise? L'auteur, Jeff Olson, appelait cela « Avoir un léger avantage ». Son livre, intitulé du même nom, explique comment peu d'effort supplémentaire au fil du temps, travaille à séparer les personnes qui réussissent du reste de la meute. Ce n'était pas jusqu'à ce que j'aie dessiné un graphique que j'ai véritablement compris les moyens derrière ses revendications. Peut-être que c'est l'ingénieur en moi, mais je n'y peux rien. Voici le graphique :

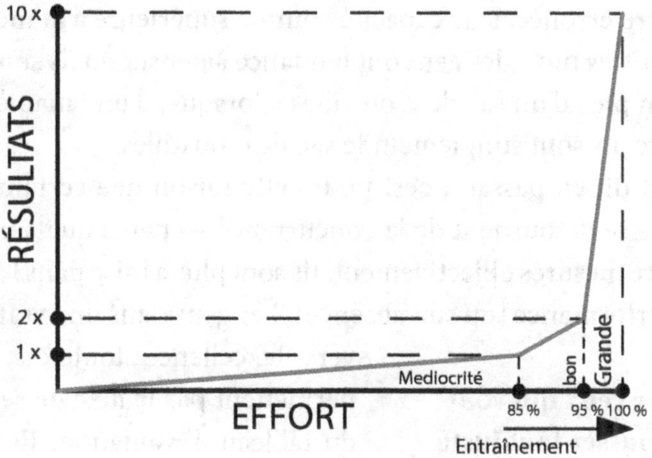

Dans ce graphique approximatif, on peut voir qu'une grande majorité de la population vit dans la médiocrité. Ils y mettent un effort moyen et obtiennent les mêmes résultats médiocres. En fait, il peut être prouvé que la plupart des gens sont dans la moyenne. Avec humour toutefois, la plupart des gens pensent qu'ils sont en fait au-dessus de la moyenne. Mathématiquement, cela ne peut être vrai, mais il y a quelque chose de programmé dans notre nature, qui sert apparemment à surestimer notre place dans la vie par rapport aux autres.

Les chercheurs de Cornell, David Dunning et Justin Kruger, ont effectivement publié leurs découvertes au sujet de ce même phénomène, qui était tellement éclairé qu'ils ont remporté le « prix Nobel Ig » satirique en psychologie pour l'année 2000. En fin de compte, Dunning et Kruger ont déterminé que les gens ont un biais cognitif dans lequel les non qualifiés souffrent « d'une supériorité illusoire » Cela fait, qu'ils évaluent, d'une manière erronée, leur capacité comme supérieure à la moyenne. En d'autres mots, les gens ont tendance à penser qu'ils sont « tout cela en plus d'un sac de croustilles » lorsque, d'une manière plus réaliste, ils sont simplement le sac de croustilles.

> **Les gens ont tendance à penser qu'ils sont « tout cela en plus d'un sac de croustilles » lorsque, d'une manière plus réaliste, ils sont simplement le sac de croustilles.**

Soit dit en passant, c'est pour cette raison que certaines personnes se détournent de la concurrence — parce qu'ils n'aiment pas être mesurés objectivement. Ils sont plus à l'aise dans leur propre performance (ou son absence). Les gens dans une vraie quête vers l'excellence toutefois, ne se permettent pas le luxe de se cacher du tableau d'évaluation. Ils affrontent la lumière des projecteurs de l'objectivité et ils utilisent ces données afin de s'améliorer.

> **Pour ceux qui vont se pousser tout juste un peu plus, au fil du temps, il y aura peu ou pas de concurrence.**

Un retour au graphique.

Les rares individus, qui osent exercer plus d'effort que la moyenne au fil du temps, accomplissent des résultats plus élevés. Car comme la charge de travail augmente, il y a de moins en moins de gens prêts à se soumettre à une telle intensité. La courbe devient alors exponentielle. En d'autres mots, la courbe monte rapidement parce qu'il y a beaucoup moins de gens luttant pour ces résultats. Une autre raison de la forte tendance à la hausse, est que le sommet de l'effort se multiplie beaucoup plus rapidement que les chiffres plus bas. Sur le plan financier, ce sont les riches qui s'enrichissent, parce que bien que le multiplicateur est le même, le montant du capital est beaucoup plus grand.

Tony Hsieh, PDG de Zappos.com Inc., a écrit ce qui suit dans une lettre à son organisation :

> C'est difficile... mais si nous ne faisions pas quelque chose de difficile, alors nous n'aurions pas d'entreprise. La seule raison pour laquelle nous ne sommes pas submergés par notre concurrence, c'est parce que ce que nous faisons est difficile,en plus de le faire mieux que quiconque. Si jamais cela devient trop facile, commencez à regarder comme un raz de marée de concurrents qui nous éloigneront de la rive.
>
> Parfois, on peut avoir l'impression de ne plus savoir ce que nous faisons. Mais c'est vrai. : Nous ne le savons pas..., mais vous pouvez vous réconforter en sachant que personne d'autre ne sait comment faire ce que nous faisons.

Notez que si l'on exerce seulement 10 pour cent plus d'efforts que la majorité des autres, les résultats semblent doubler. Mais si l'on ajoute simplement quelques points de pourcentage au-delà de cela, les résultats sont pas moins de dix fois plus! C'est ce que l'auteur Jeff Olson enseignait, ces mots. Pour ceux qui vont se pousser tout juste un peu plus, au fil du temps, il y aura peu ou pas de concurrence. Les résultats seront incroyablement plus grands.

L'ailier éloigné, Jerry Rice, n'était pas le plus grand, ni le plus rapide, ni le plus talentueux comme beaucoup d'autres hommes du même âge, qui ont joué la même position. Néanmoins, on parle souvent de lui, comme le meilleur dans l'histoire de la Ligue nationale de football et il est parfois même considéré, comme le meilleur joueur de football de tout les temps. Pourtant, dans sa jeunesse, il a pu obtenir qu'une bourse d'études collégiales, relativement petite, d'une école inconnue de la vallée du Mississipi. Ses perspectives professionnelles était un peu mieux dû à ses performances à l'Université, mais les experts ne s'attendaient toutefois pas à ce qu'il soit ramassé jusqu'à la sixième ou septième ronde dans le triage de LNF.

Un entraîneur a tout de même compris sa valeur. Bill Walsh, Forty-Niners de San Francisco, recherchait exactement le type de joueur dont Rice était devenu — rapide, précis et extrêmement laborieux. Avec ce fondement essentiel, Walsh savait qu'il avait trouvé ce dont il cherchait, afin de compléter son offensive, qui avait un haut pourcentage, mettant en vedette le précis et constant quart-arrière, Joe Montana. Pour les vingt prochaines années, Jerry Rice a continué à travailler à un rythme pour parfaire son intimidant métier. Même après avoir remporté plusieurs Super Bowls ainsi que les prix du joueur le plus utile, Rice a démontré une faim rare de se pousser lui-même jusqu'à l'effort maximal, dans la poursuite de l'excellence.

Un homme qui a commencé avec peut-être un talent un peu au-dessus de la moyenne, carrément avec des centaines d'autres « en avant » de lui sur l'échelle des talents, avait travaillé pour obtenir un grand statut dans le domaine. Comment l'a-t-il fait? Rice s'exerçait de façon constante et intelligente au fil du temps.

Ses entraînements et ses exercices étaient légendaires dans la ligue. Souvent, les jeunes joueurs snobs, se joignaient à Rice dans sa formation, certains qu'il pourrait se montrer plus vaillant « au vieil homme ». Rice les laissait presque toujours dans sa poussière avec leurs langues pendantes. C'est à ce point-là qu'il était intense. Calvin écrit, « les records qu'il détient pour le total des réceptions, le total des réceptions touchdown et le total des verges de réception sont plus grand que les totaux de la deuxième place non par 5 pour cent ou 10 pour cent, ce qui serait impressionnant, mais d'environ 50 % ». En travaillant systématiquement plus que tout le monde dans sa position, Rice les a éventuellement aussi surclassés.

La prochaine question logique, est celle-ci : comment arrivez-vous à vous motiver suffisamment, afin d'appliquer tous ses efforts pendant tout ce temps? Bien entendu, pour une partie de la réponse, il nous faut revenir à la construction de la ziggourat. Pour ceux qui sont en corrélation avec leurs passions et leurs appels, visant vers le haut, pour ainsi dire, à ces nobles aspirations, le « travail » ne vous semble pas comme du travail et tout cela sera plus tolérable. Pour l'autre moitié de la réponse, nous devrons nous tourner vers le prochain chapitre.

– 5 –

L'immersion

Dans la version originale du film *The Karate Kid (Le moment de vérité)*, M. Miyagi exhortait le célèbre jeune Daniel-San de « peindre la clôture, » ensuite de « sabler le plancher » et enfin de « cirer la voiture ». Après ces exercices apparemment inutiles qui ont duré trop longtemps pour la capacité d'attention du jeune Daniel, le sage M. Miyagi (aussi connu pour attraper des mouches avec des baguettes) démontra rapidement que toutes les heures d'entraînement des mouvements ennuyeux de base fait avec ses mains avaient, en fait, inculqué des fondamentaux. Miyagi avait simplement à crier le mouvement de la corvée appropriée, tel que « appliquer la cire », et Daniel, à son étonnement, faisait un cercle avec sa main dans un mouvement de blocage efficace. Encore aujourd'hui, si je tente de lutter ou de boxer les mains ouvertes avec mon frère Pat, il commence à se défendre en même temps, qu'il se met à crier d'« appliquer la cire, » d' « enlever la cire » et de « sabler le plancher ».

Les trois étapes à la maîtrise

Il y a trois étapes dans la vie sur la route de la maîtrise en tout métier.

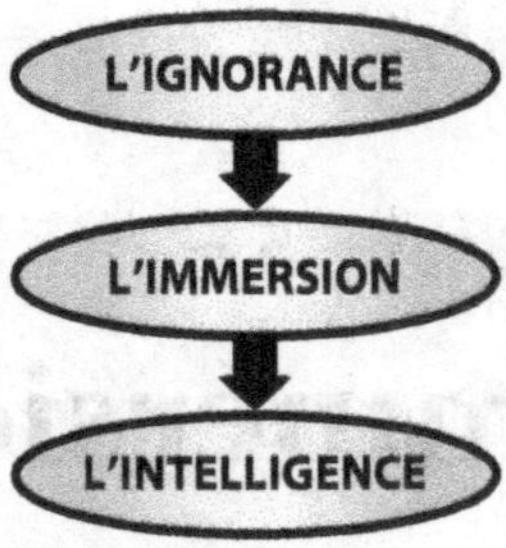

Le premier s'appelle l' *ignorance.* Il s'agit de l'étape brève, mais agréable, dans laquelle la tâche à accomplir semble intéressante et agréable. Sans la confusion de la connaissance, la compétence se produit parfois accidentellement et les praticiens sont souvent en mesure de faire des progrès au début assez facilement. À ce stade précoce, il est facile de prendre les choses très à la légère, de sous-estimer les grands performants de sa catégorie et même de devenir un peu arrogant. Dans le cas du jeune Daniel-San, il ne savait même pas ce qu'il ne savait pas. Il se faisait initié les bases du karaté sans même s'en rendre compte.

La prochaine étape est appelée l'*immersion.* Cette étape est la clé. Comme nous l'avons vu dans le chapitre précédent, sans immersion à long terme sur un sujet, la maîtrise ne se réalisera jamais. Cela prend de l'intensité, de la concentration, de l'engagement et du temps. Le défi ici est que, comme on plonge dans l'Art, toutes sortes de détails et de complexités qui n'étaient pas apparents au début, se révèlent. Les choses commencent à paraître alors insurmontables et difficiles. Ce qui, à première vue, semblait amusant et facile, commence bientôt à paraître impossible et on se demande si ça en vaut la peine. Il y a un choix évident à faire dans la phase d'immersion : sentir la pression ou s'émerveiller devant la beauté de ce qui est. Il est possible de faire les deux de manière productive, mais jamais juste la première. Un solide sens de l'émerveillement devant tout ce qui est, est requis pour garder un enthousiasme continu et un engagement à long terme.

L'étape finale est l'*intelligence.* C'est l'étape où le praticien a si bien maîtrisé son art qu'il donne au monde extérieur l'apparence que c'est facile. Ceux de l'extérieur, regarde ces personnes qui ont cette sorte de maîtrise et disent qu'elles ont une certaine intelligence dans le domaine, comme « Peyton Manning a une incroyable intelligence du football ». Nous savons maintenant que si Peyton a une telle intelligence, c'est strictement une conséquence directe de ses années de travail ardu et intelligent. À ce stade, la compétence est une seconde nature et comme inconsciente, quoique, pour s'améliorer sans cesse, le travail du maître ne se termine jamais.

Un coup de poing est juste un coup de poing

En restant sur le thème de *The Karate Kid (Le moment de vérité),* nous pouvons considérer ces trois étapes à partir du point de vue des Arts Martiaux. Considérons l'exemple de quelque chose qui d'apparence est rudimentaire mais incroyable comme de donner un coup de poing.

Au premier regard, on peut penser que de donner un coup de poing n'est rien d'autre que cela - donner simplement un coup de poing. Cependant, quand on commence à s'immerger dans la pratique des Arts Martiaux, l'étudiant réalise qu'il y a des mécanismes complexes et spécifiques impliqués pour donner un bon coup de poing, tels que la position du corps, le centre de gravité, l'engagement de son point central, le recul de la main opposée, la torsion du tronc, le positionnement du poing, les jointures primaires qui pointent et bien plus encore.

C'est à ce stade que nous nous rendons compte que ce coup de poing est *plus* que juste un coup de poing. Surtout après avoir pratiqué des milliers et des milliers de coups de poing dans une multitude d'environnements et d'applications, pour parfaire sa précision sous la surveillance d'un maître Sensei (peut-être un M. Miyagi) pendant une longue période de temps, cela redevient éventuellement, un « simple coup de poing » — mais il devient une seconde nature il est exécuté automatiquement avec en plus le fait qu'il soit extrêmement efficace et qu'il soit effectué correctement.

La pression durant le processus

L'un des plus grands défis concernant le stade de l'immersion est la pression durant le processus. Le désir d'atteindre l'excellence, ainsi que la poussée et la volonté nécessaire à un travail assidu et à un entraînement acharné sur du long terme, se combinent pour exercer une pression sur le participant. Malheureusement, beaucoup de gens y réagissent mal. N'étant pas habitués à considérer la pression comme une ressource productive, ils réagissent mal à elle et :

1. Ils deviennent débordés, déterminent que la tâche est trop difficile et abandonnent.
2. Ils cèdent à la pression, mais n'abandonnent pas et pourtant n'apporte pas non plus la concentration et l'effort nécessaire pour traverser le stade de l'immersion et aboutir à la maîtrise. Au lieu de cela, ils s'apitoient en immersion indéfiniment, en agissant de manière routinière sans enthousiasme, sans vraiment chercher à améliorer leur sort. Orrin Woodward relie ce principe aux personnes qui prétendent avoir une expérience de travail de trente ans alors qu'en réalité, dans de nombreux cas, ils ont seulement un an d'expérience pour au moins trente fois différentes.
3. Ils critiquent l'art ou le processus. C'est précisément là que Daniel-San s'est retrouvé. Souvent, les gens deviennent

des « machines de suggestions », comme dans « ce métier serait tellement mieux s'ils faisaient tel ou tel changement... » Sans le savoir, la pression productive de la phase d'immersion est purgée et appliquée ailleurs, essentiellement, vers l'extérieur. Soulager cette pression en l'orientant vers l'extérieur plutôt que vers l'intérieur vole au participant des leçons que la pression amène inévitablement et prolonge le temps requis pour atteindre la maîtrise.

4. Ils blâment les autres pour leur manque de progrès. C'est encore pire que de reprocher des affaires sur la tâche elle-même, parce que maintenant, il inclut également le fait de jouer le rôle de victime. C'est un soulagement total de la pression productive et c'est le moyen le plus sûr pour rester pris au piège de l'étape de l'immersion ou même et de reprendre le court voyage vers l'étape numéro 1 ou d'abandonner tout simplement.

Ces quatre réactions sont assez mauvaises en soi, parce qu'ils sont des tueurs de progrès. Ils sont toutefois aussi tristes, car ils privent l'individu de la puissance productive qui est fournie par la pression. Nous avons tous entendu qu'un diamant est juste un morceau de charbon qui a été soumis à d'intenses pressions pendant un long long temps. La pression, utilisée correctement peut être une chose extrêmement productive. Et cela est particulièrement vrai pour quelqu'un visant l'excellence.

Les champions savent que c'est la pression qui les rend grands. Ils apprennent à ne pas s'éloigner à la course de cette pression, à ne pas se décourager par cette dernière et abandonner, mais plutôt de la canaliser dans une plus grande intensité et concentration. Comme le grand joueur de soccer, Steve Bull disait des papillons dans son estomac avant un grand match: « les nerfs et les papillons sont bien — ils sont un signe physique que vous êtes mentalement prêt et impatient. Vous devez vous organiser que les papillons volent en formation; c'est ça le truc ». Bull avait raison : nous avons besoin de canaliser la pression et de la mettre au travail pour nous, pas contre nous. La clé pour demeurer dans la phase d'immersion, la clé à l'effort tel que nous l'avons mentionné dans le dernier chapitre, est de bien gérer la pression qui est naturelle au processus. Vous faites cela en la transformant en intensité, puis en concentrant cette intensité vers votre progression.

La concentration

Le temps dispersé dans trop d'activités est un autre tueur pour tous ceux qui cherchent vraiment la maîtrise. Il n'existe tout simplement pas assez de temps pour devenir maître en plusieurs choses dans la vie. Le temps n'attend pas. La santé ne dure pas. Les fenêtres des occasions ne restent pas toujours ouvertes. Les relations n'attendront pas éternellement. Le temps perdu est du temps perdu. Point final. Comme indiqué dans le chapitre précédent, la maîtrise est seulement accessible si vous lui donnez assez de temps. Le retarder, recommencer au stade de l'immersion ou bien trop s'éparpiller peut vous priver d'un temps précieux.

> **Tôt ou tard, la personne avec le plus de concentration, le plus d'engagement, le plus « d'intérêt dans le jeu », gagnera.**

En outre, nous pouvons facilement observer que tenter de concurrencer à temps partiel avec une personne dédiée à temps plein à une profession est probablement un exercice futile. Tôt ou tard, la personne avec le plus de concentration, le plus d'engagement, le plus « d'intérêt dans le jeu, » gagnera.

Afin de profiter au maximum d'une vie plongée dans une quête digne, une personne doit se concentrer. Nous sommes tous occupés. Il y a beaucoup, beaucoup de différentes responsabilités dans la vie.

Nous avons des obligations familiales, des responsabilités professionnelles, personnelles et d'autres intérêts. La maîtrise exige toutefois une concentration d'immersion dans le sujet qui nous occupe. Plus notre concentration est ciblée et plus rapidement l'efficacité et l'expertise se présenteront. Cela devrait être évident, mais pour que l'immersion fonctionne, nous devons nous *immergés*. Cela signifie de s'y plonger à fond. Il n'y a aucune immersion partielle. L'immersion fonctionne parce que, comme le boogie-woogie, elle exige de nous de nous lancer de tout notre corps dedans.

La gestion personnelle

Nous n'avons pas encore entièrement répondu à la question de comment une personne peut conserver une intensité suffisante pour évoluer dans l'étape de l'immersion à long terme. Dans le dernier chapitre, nous avons réfléchi qu'une partie de la réponse implique de lire correctement notre diagramme de ziggourat afin de s'assurer que tous les efforts soient dirigés vers la construction du bon monument, ce qui signifie que notre travail acharné de construction est conforme à nos plus hautes aspirations tout en profitant aussi de vivre nos autres passions. Jusqu'ici, tout va bien. Et que devons-nous faire de plus? Comme nous venons de le voir, il y a des dangers d'abandonner et des distractions qui doivent être évité. Quoique ultimement, rester à long terme dans l'étape de l'immersion dépend de notre niveau de *gestion personnelle*.

John Wooden, entraîneur mentionné pour à plusieurs records consécutifs de son équipe de basket-ball de l'UCLA (Université de Californie, Los Angeles) et un des entraîneurs qui a le plus réussi dans n'importe quel autre sport a écrit :

> L'activité – afin de produire des vrais résultats - doit être organisée et exécutée avec soin. Sinon, il n'y a pas

de différence avec des enfants sur le terrain de jeux à la récréation. Le temps, utilisé efficacement, est parmi vos atouts les plus puissants. Cependant, pour de nombreux leaders, cela paraît autrement. Les mois, les semaines et les minutes sont mal définis et comme insaisissables presqu'insaisissables dans leur esprit, s'évaporant sans laisser une seule empreinte d'accomplissement derrière eux. Dans l'esprit de ces leaders dont les organisations font bouger les choses, le temps est tangible, une ressource aussi palpable que l'or. Le succès de mon leadership était directement lié à une sage utilisation de mon temps. Respectez le temps et il vous respectera.

Ceci est une gestion personnelle de la plus haute ampleur. Notez que toute considération de gestion personnelle implique nécessairement une concentration sur ce que vous faites avec votre temps. (Gandalf, quelqu'un?) Toutefois, il implique également d'autres aspects tels que : comment vous pensez, vous figurez la gestion de votre attitude et de votre faim en général pour accomplir votre objectif.

Il y a quelques détails pratiques à chercher relever afin de maintenir le plus haut niveau de gestion personnelle et ainsi vous tenir totalement verrouillés dans la phase d'immersion.

1. **Le renforcement informationnel :** Afin de rester vif d'esprit et de continuer à apprendre, une cette personne doit être branchée à une source d'information sur le métier qui l'interpelle dont il est question. Lisez tous donc tout ce que vous pouvez au dont le sujet de est votre quête. Écoutez aussi des enregistrements audio. Parcourez les revues spécialisées et familiarisez-vous avec tous les sites Web d'autorité en lien avec votre domaine. Informez-vous, vérifiez s'il y a des événements ou des colloques, des

concerts ou des concours auxquels vous pouvez participer et afin de l'utiliser comme expérience pédagogique. Ramassez et digérez toutes les informations que vous pouvez obtenir dans le domaine particulier de la maîtrise que vous avez choisi sélectionné vous gardera éveillé et sera un raccourci vers l'avant dans votre développement.

2. **Le renforcement relationnel :** il y a une vieille blague qui se dit comme suit : deux idiots et un génie entrent ensemble dans une pièce. Après un moment, il en sort trois idiots. » Au-delà d'être drôle, il illustre clairement la puissance de l'association avec les autres. Choisissez avec qui vous vous associez avec sagesse (comme les mauvaises peuvent être vraiment mauvaises). Assurez-vous que vous passez votre temps avec des gens qui sont des experts dans l'entreprise que vous poursuivez. Trouvez un M. Miyagi et lavez sa voiture avec force, sablez ses planchers jusqu'à ce qu'ils brillent et peinturez sa clôture comme les amis de Tom Sawyer. Le renfort que vous obtiendrez de mentors et des experts dans votre domaine feront taire les voix de la dissidence autour de vous de ceux qui ne comprennent pas ce que vous faites et le pourquoi vous le faites.
3. **Le dialogue intérieur :** Dans l'une des techniques les plus bizarres disponible, il y a longtemps, par plusieurs des grands leaders dans leur domaine respectifs est qu'ils ont dû eu à apprendre à cesser de s'écouter et pour plutôt commencer à se parler. C'est parce que nos esprits sont rapidement capables de « devenir négatifs ». et, croyez-le ou non, nos propres les mots que nous disons à nous-mêmes sont très puissants. Pour cette raison, pratiquez l'art du dialogue intérieur positif. Cela peut se faire par le biais de déclarations affirmatives et de mémorisation de phrases d'encouragement (les versets de la Bible sont aussi bons pour cela) afin de vous garder concentré et de vous

fournir une recentralisation centralisation rapide lorsque vos roues commencent à vaciller.

Le moteur de l'immersion

Dans mes premières années en tant qu'ingénieur, j'ai été fasciné par le moteur rotatif de Mazda. Le fabricant de la seule grande auto avec un moteur rotatif sur le marché. Mazda a été comme une énigme pour moi. Pourquoi une compagnie de voitures construirait-elle des moteurs de production tout à fait différents et si distincts des moteurs de piston standard fabriqués par les autres? Pour tenter de répondre à cette question, j'ai lu des articles, analysé des schémas et finalement je l'ai mis à l'essai moimême. En effet, il y avait une finesse remarquable au moteur. En plus, il était très silencieux. Ces attributs étaient agréables mais je n'ai jamais vraiment pas compris pourquoi ils ont continué avec cette stratégie si différente.

Cependant, plusieurs années plus tard cependant, quand je suis tombé sur toutes les recherches sur la pratique délibérée libérée des mœurs et les concepts de la maîtrise, j'ai immédiatement repensé au moteur rotatif de Mazda. Vous voyez : un moteur rotatif est composé de lobes, en forme irrégulière comme des triangles, fixés le long d'un arbre central (shaft). Cette assemblage ensuite, tourne ensuite à l'intérieur d'un cylindre. Comme Tandis que les coins des lobes cheminent à l'intérieur de l'arbre, la compression du mélange air-carburant peut être est enflammée par une bougie et l'explosion qui en arrive résulte sert à pousser sur le lobe qui fait tourner l'arbre et génère ainsi une puissante sortie de courant ainsi tournant faisant tourner l'arbre et la génératrice. Afin d'obtenir que le tout fonctionne, un moteur électrique est requis pour faire tourner l'assemblage et nous avons besoin d'une étincelle d'une bougie comme avec tout moteur à piston. Lorsque l'arbre tourne et que les gaz comprimés sont brûlés, il tourne bien sans ces mouvements de hauts et en-bas des moteurs à pistons. C'est pour cette raison que les moteurs rotatifs sont beaucoup plus silencieux.

Qu'elle est le rapport de tout ceci avec l'immersion et les concepts d'atteindre la maîtrise dans un domaine particulier? Nous avons discuté de travail ardu et de travail intelligent ainsi que la puissance de ces choses pour produire de l'expertise au fil du temps. Le diagramme suivant montre la *façon* dont cela fonctionne et il ressemble étrangement à un engin rotatif!

À partir de ceci, nous pouvons voir qu'une chose mène à et *alimente* l'autre. Avec les bonnes mœurs, normalement on voit une amélioration dans les résultats, et ceci, à son tour, inspire le participant à une plus grande passion pour le sujet en question. Nous sommes tous encouragés par le progrès. Cela alimente la passion pour s'entraîner d'avantage et encore plus intensément, ce qui conduit à des résultats plus grands, ce qui alimente plus de passion... et ainsi continue le petit moteur rotatif de l'immersion.

Il y a quelque chose à noter au sujet de ce processus. C'est qu'en premier une étincelle externe est nécessaire pour lancer le tout. Cela pourrait être une poussée ou une exposition précoce du sujet provenant de parents, un défi d'un collègue ou une ambition externe telle que l'obtention d'un diplôme ou d'atteindre un objectif commercial particulier. C'est, en effet, toujours un stimulus externe qui commence le mouvement du cycle.

Ensuite, la pratique doit être concrète et ciblée pour développer l'amélioration. Ce n'est pas assez « d'y mettre simplement du temps »; nous devons pratiquer *intentionnellement*. Ceci implique de vous concentrer sur des secteurs clés qui cadrent avec vos dons et vos talents. Il exige de l'expertise et devrait être guidé par un expert qui sait mieux comment concentrer vos efforts. C'est pourquoi les mentors et les entraîneurs sont si importants.

Ce n'est pas assez « d'y mettre simplement du temps » ; nous devons pratiquer *intentionnellement*.

L'entraînement conduit à des résultats. Ces résultats doivent être surveillés et évalués. Comme le dit le vieux dicton: « Vous ne pouvez qu'espérer ce que dont vous êtes prêt à livrer à l'introspection inspecter. » La mesure est critique puisqu'elle fournit un tableau de bord référence sur vos progrès et vous donne aussi des directions pour les changements dans l'entraînement pour les en vue d'amélioration future.

Augmenter vos résultats donne de l'encouragement. Cela alimente la passion de travailler encore plus fort. Cependant, la passion doit aussi être nourrie et soutenue. Cela signifie que l'environnement où tout cela se déroule doit être imbibé de renforcement positif. Comme l'huile de moteur réduit la friction et éloigne une accumulation de chaleur destructrice, les renforcements de l'information, les relations et le dialogue intérieur discutés ci-dessus sont appliqués ici.

Au centre du moteur, le vilebrequin est, pour ainsi dire, votre motivation intrinsèque. C'est au cœur de tout. Il représente votre faim pour l'excellence, votre désir d'atteindre l'expertise et votre motivation interne pour atteindre le grand objectif de votre vie.

C'est peut-être plus évident maintenant pourquoi nous avons commencé ce livre avec ces plus profondes considérations (au sommet de la ziggourat) vous paraît maintenant plus évident puisque nos motivations internes sont essentiels pour garder en marche le fameux petit moteur de l'immersion. Finalement, l'excellence et l'expertise doivent être un travail interne. À long terme, personne ne peut vous exiger de vous d'exécuter à faire ces choses; vous allez devoir vous pousser vous-même.

Comprenez bien : vous seul devez décider de maîtriser votre art. Quelqu'un d'autre peut vous avoir aidé à démarrer votre projet, mais avec le temps, vous devez tomber amoureux avec l'émerveillement de la profondeur que vous faites. C'est la beauté de la phase de l'immersion : il nourrira votre intensité et amplifiera votre concentration. L'excellence exigera que vous vous jetiez entièrement dans ses démarches et que vous deveniez un étudiant patient du processus, utilisant la pression avec sagesse et le permettant de vous mouler, au fil du temps, en vrai maître, celui qui a l' « intelligence » spéciale dans votre domaine.

– 6 –

Un peu

À l'époque du Médiéval et de la Renaissance à Florence, en Italie, il existait des petites boites de dépôt tout autour de la ville appeler *tamburi*, qu'on nommait ainsi à cause de sa ressemblance à un petit tambour. Un autre nom était *buchi della verità*, qui signifiait « les trous de la vérité ». Le but de ces réceptacles était de recevoir les dénonciations contre le citoyen de Florence. Les accusations étaient de petit bout de papier écrit anonyment par les accusateurs, ils s'appelaient *tamburazioni*. Les grands personnages incluant Leonardo da Vinci et Niccolò Machiavelli étaient accusé de toutes sortes de comportement affreux et de crimes lâches. Et de telles accusations n'ont pas été prise à la légère. Un organisme exécutif appelé « les seigneurs des huit » était souvent vicieux dans la poursuite d'un accusé.

Pourquoi les gens quittent quelque chose de digne

Nous pouvons être contents que le criticisme, de nos jours, ne soit pas aussi systématique ou légalement condamné que le *tamburazioni* comme plus tôt en Florence. Cependant, les critiques et leur négativité gardent un immense pouvoir qui est de nous voler notre joie et de nous soustraire à l'excellence et à la réussite. Les lâches, les critiques, les cyniques, les détracteurs, les personnes négatives, les calomniateurs, même sans des *tamburi* installés autour de votre ville, pourront toujours crier sur vos incroyables efforts. Avec l'arrivée de l'internet, tous peuvent parler. Alors que ce soit bon ou mauvais, les critiques sont mises en ligne, ils ont le même type d'anonymat que le *tamburi* Florentien, mais sans successeur légal. Ils peuvent dire tout ce qu'ils veulent que ce soit justifié ou non, ils le font continuellement.

Nous devons nous rappeler que les critiques n'ont simplement que des spectateurs. Ils ne devraient pas nous arrêter au-delà de ce que nous leur donnons nous-mêmes. C'est aussi utile de réaliser qu'il n'y a rien de significatif qui n'ait jamais été achevé sans l'apport négatif d'autres personnes. Il y en a qui ont déjà vécu de bonnes vies avant que vous ayez appris ce fait. Ils vivent malgré les critiques et vous le pouvez aussi. Une bonne structure mentale est de se rappeler que si les mauvaises personnes ne vous critiquent pas, vous êtes donc en train de ne pas bien faire les choses!

Il n'y a rien de significatif qui n'ait jamais été achevé sans l'apport négatif d'autres personnes.

La négativité des autres est l'une des raisons qui fait que les personnes sont tentées de quitter une activité qui les rend digne. En fait, il y en a plusieurs autres. En considérant chacune d'elle, nous pouvons être conscients des dangers qui se cachent sur notre chemin de grandeur et et qui nous fait faire des actions improductives.

L'une des principales raisons qui fait que les personnes quitte une activité digne est la fierté. Il est difficile pour certaines personnes vis à vis leur propre image de jouer le rôle d'un amateur, de faire des erreurs et de paraître idiot en devenant juste quelqu'un de nouveau. Souvenons-nous du poulain nou-

Si quelque chose vaut la peine d'être faite, cela vaut la peine que ce soit mal fait assez longtemps qu'il faut pour l'apprendre correctement.

veau né qui essaie de se lever pour la première fois. Il vacille sans arrêt et essaie de se mettre sur ses jambes, il est presque ridicule pendant ce processus. Les nouveaux, dans tous les domaines, peuvent se comporter de la même façon. C'est une difficile vérité d'apprendre que pour devenir bon à quelque chose cela requiert d'être mauvais au début. Nous devons tous être maladroit avant de pouvoir être bon. Si quelque chose vaut la peine d'être faite, cela vaut la peine que ce soit mal fait assez longtemps qu'il faut pour l'apprendre correctement. Plusieurs personnes ne sont pas capables de supporter cette maladresse initiale et donc fuit pour ne pas s'essayer ou bien ils renoncent dès qu'il est évident qu'ils risqueraient d'avoir l'air idiot. Malheureusement, dans ce genre de cas, sembler réussir est plus important que de réussir.

Un autre facteur qui les portent à quitter est le manque de caractère. Cela peut prendre plusieurs formes, comme des dépendances ou les péchés harcelants qui sont destructifs dans la vie d'une personne. Évidemment, ceux-ci sont des exemples extrêmes, mais ils néanmoins réels pour un nombre étonnamment élevé de personnes. Un autre défaut de caractère est la malhonnêteté, le manque d'intégrité et surtout le comportement douteux. Les personnes avec des défaillances de caractère ne peuvent pas faire long feu, car ils finissent découverts. Alors, quand leur échec est découvert, ils sont obligés de quitter et de prendre acte ailleurs. C'est cet homme qui changeait la couche de son fils et qui a accidentellement eu un peu de substance puante sur son doigt. Pendant tout le reste de la journée, partout où il allait , il sentait quelque chose de mauvais. Pour lui, toutes les pièces de la maison puaient, mais le problème n'était pas chaque pièce de sa maison; le problème c'était lui. Les personnes qui manquent de caractère vivent ce genre de scénario dans la vraie vie. Jusqu'à ce que les questions du manque de caractère soient traitées directement elles seront forcées de quitter maintes et maintes fois et de cacher leurs défauts — parce que partout où elles iront, ils seront.[1]

Étonnamment, le confort semble être une autre raison pour laquelle les gens quittent la poursuite de quelque chose de stimulant. En effet, ils cèdent au leurre des choses plus petites. C'est principalement un échec de jugement, le court terme ayant la priorité sur le long terme. Dans ces cas, les personnes capitulent contre ce qu'ils veulent profondément dans le long terme pour ce qu'ils veulent dans l'instant. L'auteur Robert Greene a écrit, « trop de personnes croient que tout doit être plaisant dans la vie, ce qui les rend constamment à la recherche de distraction. » L'antidote pour ceci est de garder les yeux sur votre direction. Rappelez-vous de votre « ziggourat ». Ne soyez pas tenté de négocier un long terme *super* pour un court terme *bon*. Rappelez-vous que vous construisez un monument de votre vie et pour qu'il soit ce qu'il doit être, une grande partie du voyage ne sera pas confortable.

Une autre raison qui fait que les personnes quittent quelque chose de digne est le manque de grands rêves. « ça ne marchera pas de toute façon » c'est ce que pourrait se dire quelqu'un dans ce cas. C'est une indication claire que la motivation première n'est pas assez forte. Ils n'ont, en effet, pas assez de grandes raisons du *pourquoi*. Je ne suis pas un grand admirateur du philosophe du XIXème siècle, Fredrich Nietzche (pour la raison qu'il porte la plus horrible des moustaches) mais il a une citation en particulier qui lui est attribué et que j'aime; « celui qui a un pourquoi est meilleur que presque tous ceux qui ont les comment. » C'est vrai d'un bout à l'autre. Restez proche de vos moti-

Dans le long terme, la conduite par excellence et la voie de la maîtrise doivent être intentionnellement cultivées comme un bon jardin.

1 Empester l'endroit..

vations, de vos rêves, de vos désirs ainsi que de vos passions avec notre modèle « ziggourat » qui est la clé de la persévérance à long terme. Ce que la plupart des gens ne réalisent pas est que la motivation est de leur propre responsabilité. Dans le long terme, la conduite par excellence et la voie de la maîtrise doivent être intentionnellement cultivées comme un bon jardin. Dans l'intention d'accomplir ce désir de Dieu mis dans nos cœurs, une personne doit continuellement stimuler sa soif de le faire.

Les défis relationnels sont un détonateur pour abandonner. Comme mentionné ci-dessus, presque tout succès requiert qu'on travaille bien avec les autres personnes. L'égoïsme, le fait d'être combatif, la grossièreté, la rudesse, l'irritabilité, un esprit moyen et une longue liste de vices supplémentaires peuvent effilocher ou déchirer le tissu des relations clés. Le sentiment de douleur et le manque d'énergie en sont le résultat. Étant des êtres relationnels, nous les humains arrêtons presque de fonctionner quand nos relations s'en vont à l'eau. Mon ami le docteur Doug Bookman a observé une fois que le plus grand sentiment d'engouement, de désespoir que vous ayez jamais connu ou ne pourriez jamais connaître… n'est pas ultimement une question de finance ou de santé ou de politique. Il se situe au niveau des *relations.* » Une telle douleur, si elle est associée avec notre quête, peut nous donner envie d'abandonner. Pour rester loin de ce sentiment paralysant de la futilité, nous devons faire tout ce qui doit être pour bâtir des liens personnels forts avec les autres — pour attirer et entretenir une bonne amitié et devenir un bon ami, pour obtenir l'aide des autres et être d'une grande aide. Cette catégorie est assez vaste et demande une étude approfondie. Lire les bons livres sur les relations personnelles et appliquez ce que vous apprenez vous fera toujours grandir dans ce domaine. Ce sera vraiment important concernant le long terme.

Il y a beaucoup d'autres raisons d'abandonner, y compris une réticence à accepter ses responsabilités personnelles, soit le doute et un manque de fermeté mentale. En fait, nous pourrions continuer sur des pages et des pages d'explication et trouver toutes sortes de raisons. Mais cette liste est suffisante. Le point clé à se souvenir est qu'il y a plusieurs sorties de secours le long du chemin du succès et la plupart vous tenteront.

Les conséquences d'abandonner

Nous avons consacré tout ce temps sur le sujet d'abandonner parce que c'est vraiment un gaspillage. Cela est dû au fait qu'il commence impitoyablement le processus d'immersion à partir de zéro. Ceux qui lâchent profitent souvent d'un soulagement immédiat de la pression ou de l'ennui de l'immersion et s'en vantent même aux autres. Par contre, les maîtres savent que ce répit temporaire de la pression est tout simplement la pause dans l'affichage de la ligne du temps, jusqu'au moment où la personne doit choisir la prochaine activité et recommencer le processus. Malheureusement, le cycle se répète normalement pendant que la personne se frustre avec la prochaine nouvelle quête et abandonne de nouveau.

C'est de cette façon, en accusant les processus et les personnes en cours de route, que plusieurs personnes qui pourraient réussir accomplissent très peu dans leur vie et elles ne maîtrisent jamais rien. Le temps passe sans remords pendant que les gens qui se trompent se piègent eux-mêmes dans une médiocrité inutile, déversant beaucoup de leur potentiel au lieu de le déposer dans leur héritage.

Abandonner est une solution permanente à un problème temporaire

Il n'y a rien de mal avec le goût d'abandonner. En fait, vous aurez la tentation de quitter chaque bonne chose que vous faites dans votre vie. Le problème est qu'abandonner est une solution permanente à un problème temporaire.

Croyez-le ou non, la plupart des problèmes ont une façon de s'arranger au fil du temps. Les problèmes sont comme les mauvaises herbes. Elles peuvent être laides et aussi, elles peuvent être agaçantes, mais elles sont rarement fatales. Abandonner, c'est comme donner un terrain de grande valeur au bord d'un lac simplement parce qu'il y pousse de la mauvaise herbe. Il y a des façons beaucoup moins extrêmes de se débarrasser de ses mauvaises herbes que de se débarrasser complètement du terrain.

Peut-être que la pire chose au sujet d'abandonner est que cela est le début d'une habitude dans votre vie. On peut devenir dépendant des sensations fortes à court terme provenant du soulagement de la pression. Faites-le assez souvent et vous ne resterez jamais dans l'étape d'immersion assez longtemps pour y accomplir quoi que ce soit d'utile et encore moins d'atteindre la maîtrise d'un sujet.

Enfin, abandonner donne un mauvais exemple aux autres. Peu importe qui vous êtes, il est fort probable que vous êtes influencés par quelqu'un, si ce n'est pas par plusieurs personnes. Ne les laissez pas tomber en vous retirant comme une poule mouillée à mi-chemin. Donnez-leur un bon exemple en tenant bon. Souvenez-vous que si vous vous battez pour ce qui compte, les obstacles ne comptent pas.

C'est pour celui qui saura en profiter

Afin de vous garder aiguisé et dans l'étape de l'immersion, il est important de réaliser que, comme nous l'avons déjà mentionné, votre plus grande réalisation ne sera pas aimée et admirée par tout le monde. Par conséquent, vous aurez besoin d'un processus mental que vous repasserez dans votre tête lorsque vous êtes directement attaqué par des critiques pour ce que vous faites. En voici un qui pourrait vous aider. J'y suis parvenu tout à fait par accident.

L'un de mes récents livres (peu importe lequel) venait tout juste de sortir sur le marché et semblait être bien reçu par les lecteurs. En passant, j'ai jeté un coup d'œil à une liste de commentaires des lecteurs et leurs évaluations correspondantes, allant de cinq (ou « génial ») à un (« affreux »). En grande partie, le livre recevait des cinq (merci, maman)! En effet, très peu d'évaluations n'étaient pas des cinq; il y avait un petit peu de quatre et peut-être un trois et c'était à peu près ça.

Ensuite, j'ai aperçu quelque chose que je ne pouvais pas croire. Une femme (bénis son cœur) a évalué le livre avec un, *un*. Je sais! J'ai été bouleversé aussi! Mais, il était là pour que tout le monde l'aperçoive. La curiosité s'empara de moi, et j'ai rapidement lu son commentaire au complet. C'était immédiatement évident qu'elle n'avait pas compris mon humour et qu'elle avait pris certaines des choses que j'avais écrites entièrement hors contexte. En effet, elle ne l'avait tout simplement « pas compris ».

Je dois admettre que pour une raison quelconque, cette désapprobation d'une seule femme dépassait presque les nombreux éloges des autres sur le livre. Une femme! Il y avait juste quelque chose de déprimant à l'idée de réaliser que ce n'était pas *tout le monde qui* aimait mon livre. Je veux dire, tout de même que j'avais travaillé fort sur ce livre! J'avais sué du sang sur le clavier, discuté avec les éditeurs et nourri chacune de ces phrases en impression avec les soins d'un père poule, pour être poignardé dans le dos avec un poignard pointu d'une seule évaluation était trop injuste.

Ensuite, j'ai fait quelque chose d'intelligent (accidentellement, bien sûr). J'ai remarqué que le site Internet avait fourni un histogramme pratique ou un graphique à barres, résumant les votes des lecteurs. Effectivement, le site Internet démontrait presque tous des cinq, une partie de quatre, un trois solitaire et un seul petit un à la fin. Ce graphique a donné un résumé visuel rapide des opinions des lecteurs d'un coup d'œil rapide. Ceci (et nous arrivons à la partie intelligente) m'a permis de cliquer sur des livres écrits par d'autres auteurs pour voir ce que les lecteurs pensaient de *leurs* œuvres. Bien sûr, j'ai commencé par mes livres préférés. J'ai cliqué sur Patrick O'Brian, en mon esprit, c'est l'un des meilleurs maîtres de la prose anglaise. À ma grande surprise, il y a des personnes qui *détestaient* ses livres! J'ai cliqué sur Herman Wouk et ses livres les plus célèbres. La même chose. Alors j'ai cliqué sur la plupart des grands classiques et ensuite quelques livres de littérature les plus populaires aujourd'hui. J'ai découvert qu'il y a parenté de cette dame partout! Tous ces grands auteurs avec les mêmes résultats; beaucoup de cinq, un peu moins de quatre, encore moins de trois, et ensuite, plus de deux et encore plus d'un. En fait, les tableaux généraux ressemblaient habituellement comme ceci :[2]

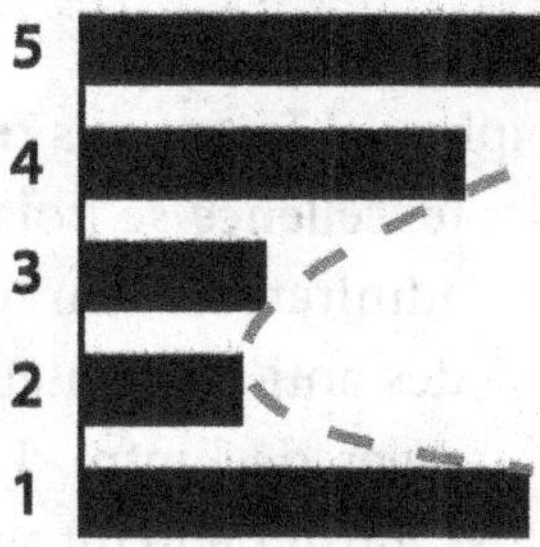

Pour ces livres, il y a toujours une population de lecteurs qui *aimaient* ou les *détestaient* avec très peu de personnes entre les deux.

J'ai ensuite cliqué sur des livres au hasard et des livres que je n'ai pas vraiment aimés. Curieusement, *la plupart* de ces livres montraient une structure *différente* de celle que je viens de vous décrire. Dans la plupart des cas, il y avait peu de cinq, plus de quatre, plus de trois suivis d'un peu moins de deux et seulement un peu de un. Ce graphique ressemble à ceci, exactement le contraire de l'autre charte :

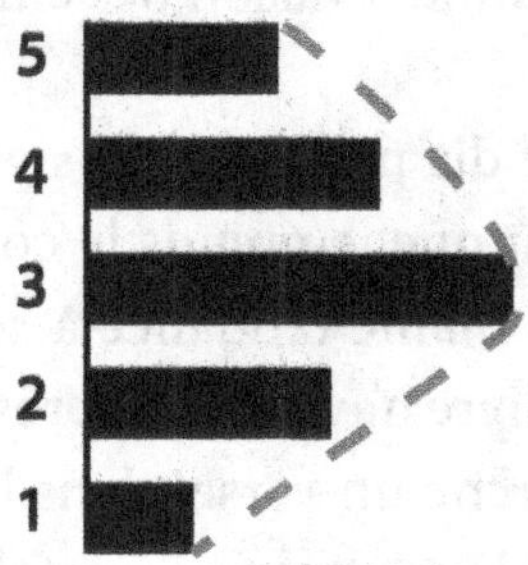

2 Mon livre aussi, après un certain temps sur le marché, aura éventuellement de plus en plus de un, arrondissant le graphique et il ressemblera à celui-ci.

De ceci, j'ai découvert que, selon les lecteurs, il n'y a seulement que trois genres de livres : les livres qu'ils aiment, les livres qu'ils détestent et les livres qui les laissent indifférents. Ce fut une révélation. Il semble que, du moins selon les lecteurs sur des sites Internet en particulier, si quelqu'un pouvait aimer un livre, ça voudrait automatiquement dire que d'autres le détesteront. Cependant, si peu de personnes *aiment* le livre, encore peu le *détesteront*. Dans certains livres, la plupart des lecteurs se situent quelque part dans le milieu.

C'était pour moi, une épiphanie! Je me suis rendu compte que l'excellence se polarise. Il attire des admirateurs enragés d'un côté et des anti-admirateurs tout aussi enragés de l'autre. J'ai pensé aux injures répandues sur George W. Bush pendant ses années comme président et la négativité fanatique visée sur Barack Obama. Pourtant, les deux hommes étaient capables de recueillir des dizaines de millions de votes et de s'asseoir dans le bureau le plus reconnu du pays! Il y avait des personnes qui les aimaient *et* des d'autres qui les haïssaient. J'ai pensé à ceux qui adorent Tom Cruise comme acteur et ceux qui ne sont pas capables de le supporter. Bien sûr, je pensais à ceux d'entre nous qui (tout à fait légitimement) détestent les Pittsburgh Steelers et ces âmes pitoyables qui les suivent fanatiquement. Exemple après exemple me sont passés par l'esprit comme l'évasion des enfants dans *Chitty Chitty Bang Bang*.

La grandeur se polarise.

Maintenant, je ne dis pas que cela signifie que mon livre est génial — simplement que je prends le confort dans les faits que d'autres livres ont la même tendance à se polariser. J'étais aussi encouragé, car mon livre n'avait laissé presque personne « tiède ». J'ai tout de suite cherché un verset dans la Bible dont je me suis rappelé qui disait quelque chose au sujet de ce truc de « tiédeur ». J'ai trouvé dans Révélation 3,16 (NASB) : « Alors, parce que tu es tiède, ni bouillant ni froid, je vais te recracher hors de ma bouche. » D'accord, donc Dieu parlait d'une église en particulier en Asie Mineur à ce moment-là, mais il est tout de même très évident que dans ce verset être tiède n'est pas une chose désirable.

Voici ce qui est important : quand vous cherchez votre vocation spécifique et que vous convergez vos passions vers cette fin, en essayant de maîtriser votre embarcation et d'atteindre l'excellence, tout ceci ne garantit aucunement que quelques personnes ne le « comprennent encore pas ». Il y aura *toujours* des personnes qui ne comprendront pas. Prenez cela à cœur et encore une fois, le livre ne s'adresse *pas* à tout le monde, donc ne vous souciez pas d'eux : concentrez-vous plutôt sur ceux à qui *le livre s'adresse*!

> Il y aura *toujours* des personnes qui ne comprendront pas

Nous avons tendance à porter trop d'importances aux rejets et trop peu d'importances aux encouragements, alors qu'en réalité, ils vont ensemble pour former une image complète. Ce n'est pas l'aversion qui devrait nous décourager, mais plutôt *l'indifférence.* Ce qui est plus démoralisant c'est lorsque les personnes ne se soucient pas vraiment de ce que vous faites d'une façon ou d'une autre. Donc, ne vous souciez pas si certaines personnes détestent ce que vous faites. C'est correct. Soyez doublement certain de ne rien changer dans vos efforts pour leur faire plaisir. Vous ne ferez *jamais* plaisir à cette foule! Vous n'êtes pas pour *eux.* Si vous concentrez votre énergie pour faire plaisir à ceux qui ne sont *pas* pour vous, vous changerez la manière dont vous faites les choses et arrêterez simultanément de passionner ceux pour qui vous *êtes* là! En autres mots, ne vous *conformez* pas pour les critiques; *accomplissez* vos objectifs pour les admirateurs.

Cela me rappelle la chanson de Sawyer Brown intitulée « Some girls do. (Certaines filles aiment ça). Il est bon de vous souvenir de certaines des paroles, surtout si vous êtes un jeune homme célibataire ayant été rejeté par une jeune femme. « Et bien, je ne suis pas de première classe, mais je ne suis pas de la "racaille blanche". Je suis aussi sauvage et un peu fou. Certaines filles n'aiment pas des garçons comme moi. Ah mais, certaines filles aiment ça! » Par contre, le principe s'applique à toutes les quêtes qui en valent la peine. Ce n'est pas tout le monde qui aimera ce que vous faites ou ce que vous êtes. Quoique *certaines* personnes, oui. C'est pour celles-là que vous devez tout donner et ne jamais arrêter.

L'héritage (et le déversement)

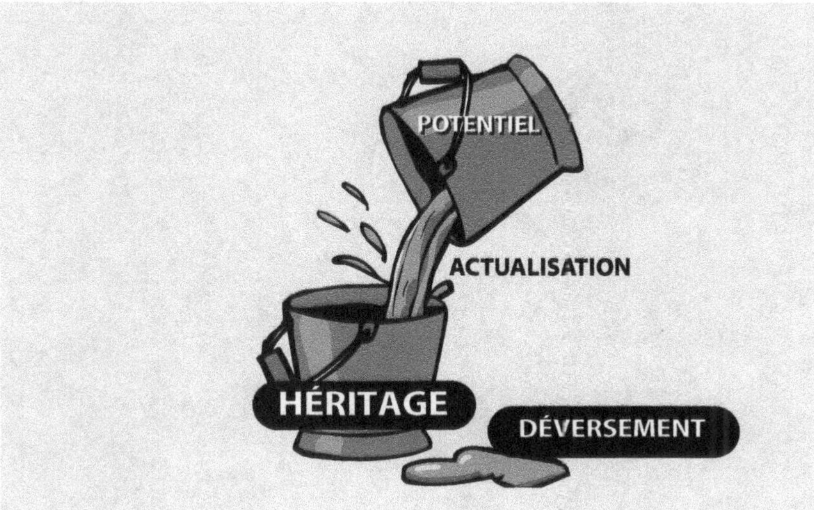

À quoi bon?

– 7 –

La signification

En 280 avant Jésus-Christ, Tarentum était une colonie grecque sur la pointe sud de la péninsule italienne, située dans le « talon de la botte. » Une des villes du territoire colonial grec, connue ce moment-là comme Magna Grèce. Tarentum se trouve en désaccord avec la montée en puissance des Romains, ses voisins du nord. La guerre a éclaté, et le roi, Pyrrhus d'Epirus a été appelé à honorer son accord avec les gens de Tarentum, pour rendre le soutien que son royaume avait déjà reçu d'eux contre ses propres ennemis. Pyrrhus était avide de gloire et n'a pas hésité à naviguer avec une armée à leur secours. Ce qui a suivi a été plusieurs victoires coûteuses, où l'armée de Pyrrhus a vaincu leurs ennemis, dont les adversaires romains, samnites, étrusques et thurris (telle était la complexité des anciennes batailles).

Après un tel engagement, dans lequel Pyrrhus a perdu approximativement 4 000 hommes et après avoir été félicité encore pour une autre victoire, le roi dit quelque chose qui ressemblait à « une autre victoire comme celle-ci, je suis perdu! » Nous le connaissons aujourd'hui principalement parce que l'expression *victoire à la Pyrrhus,* utilisée dans le jargon moderne, qui a été pris à partir de cette expression et qui fait référence à des victoires gagnées à un coût trop élevé. L'historien Anthony Everitt a écrit : « Pyrrhus n'a presque rien accompli qui a duré. Pour tout l'éclat, l'énergie, et le charme, un nuage d'inutilité plane sur la carrière de Pyrrhus. » Oui, mais *au moins*, il y a une expression célèbre basée sur son nom. On a sauvé le souvenir (ou oublié) des millions d'autres êtres humains pour mois que cela.

Un samedi matin, dans mon adolescence, je voulais voir ce que mon père faisait dans le garage. Il nettoyait quelques vieilles boîtes à outils et soudain, me tendit un marteau. C'était un marteau aussi commun qu'un autre marteau, à l'exception d'un nom imprimé à la main, sur toute la longueur de son manche en bois, en encre noir permanente; Andrew Jackson Brady. « Ceci appartenait à mon grand-père, » dit mon père, « ton arrière-grand-père. » Il a continué à expliquer que c'était à peu près notre seul héritage de famille et qu'il voulait le monter dans une boîte de présentation spéciale. Étant jeune, j'allais faire quelque chose de ma façon, aussi important que rien en particulier. Je n'en ai pas trop pensé à ce moment-là. Par contre, des années plus tard, quand j'ai fait ma petite enquête sur ce marteau, j'ai appris que la boutique à qui il avait été confié pour le montage, avait depuis longtemps été oubliée et le marteau, notre seul artefact ancestral, avait tragiquement disparu. À ce moment-là, j'étais assez vieux pour apprécier et déplorer le fait qu'il était perdu, mais en vain. Andrew Jackson Brady avait écrit son nom sur ce marteau en vain.

Presque.

Je me suis mis à penser au vieux Andrew Jackson Brady un jour et j'ai réalisé que nous en savions plus sur lui que *n'importe quels* autres ancêtres. En fait, en résumant l'œuvre de sa vie, c'est presque deux fois plus mémorable que tous les autres. Considérez ceci,: la plupart de ces noms qui apparaissent dans les registres généalogiques, nous offrent qu'un seul élément d'information sur chaque personne; qui ils sont? Autrement dit, nous ne connaissons qu'une seule chose qu'ils ont faite dans leur vie.

Revenons à Andrew Jackson Brady et vous constaterez immédiatement, non seulement que nous connaissons *cela* de lui, mais dans son illustre vie, il a aussi fait autre chose; c'est-à-dire, qu' il a écrit son nom sur un outil! Maintenant, je vous demande, pensez-vous qu'il se soit rendu compte qu'il allait effectuer le deuxième acte le plus mémorable de sa vie quand il a enlevé le bouchon du crayon-feutre, toutes ces années passées? Si vous pensez que ces considérations sont un peu fantaisistes, pouvez-vous penser aux informations de base sur les vies de la majorité de vos ancêtres? Connaissez-vous au moins leurs noms?

Ma femme a un oncle qui est merveilleux pour ce qui est de faire des recherches généalogiques. Parfois, il nous envoitdes articles et des CD-ROM remplis d'informations. J'avoue que cette famille est chanceuse d'avoir un tel oncle qui retient autant d'information au sujet de la vie de ses ancêtres. Cependant, même avec l'aptitude approfondie de l'oncle Charles, un article en particulier a attiré mon attention. L'histoire appartient à un homme dans l'arbre généalogique de ma femme, qui a été annoncé dans le journal agricole local, comme ayant conduit sa charrette en ville pour y acheter un boisseau d'avoine. C'est tout ce qu'on sait de lui et de son histoire. Voilà. Un autre exemple. Je doute qu'il soit possible que cet homme eût la moindre idée quand il cliquetait les ornières du chemin, roulant vers la ville, qu'il allait accomplir le deuxième acte le plus mémorable de toute son existence, même quelque chose qui pourrait être écrit dans un livre près d'un siècle et demi plus tard!

Cela me dépasse.

Le point à retenir de tout cela n'est sûrement pas que faire quelque chose de mémorable est la même chose que faire quelque chose de valable ou important. Certes, la gloire durable ou mémorable n'est pas une vraie mesure de la grandeur et de l'excellence. Il n'est pas digne non plus d'un objectif direct avec notre vie, comme si c'était une vocation déterminée. Si faire quelque chose de mémorable était la clé, nous devrions tous aller à nos boîtes à outils immédiatement et écrire nos noms sur tout.

C'est pourtant à ça que vous pensez n'est-ce pas? Nous vivons, nous aimons, nous perdons, nous luttons, nous nous efforçons, nous mourons, et dans quelques générations, la seule chose qui restera ce sera des gens qui ne savent rien de nous, mais peut-être auront-ils notre nez ou nos yeux. .Pour être honnête, cela ne me dérangerait pas s'ils avaient aussi mon marteau.

Je me souviens avoir pensé en 1991, que Kurt Cobain est né moins d'un mois avant moi. C'était l'année où lui et son groupe Nirvana ont pris d'assaut la scène musicale avec la sortie de leur deuxième album, intitulé *Nevermind.* Cobain et son groupe,avaient créé un nouveau et tranchant album avec d'incroyables sons stridents de guitare et de voix qui correspondaient avec la musique.[1] On pourrait leur accorder le titre de pionnier à ce qui allait être appelé « grunge », et qui transformerait la musique populaire d'une manière qu'on peut encore entendre aujourd'hui. Les réalisations de Cobain et de son groupe sont tout simplement spectaculaires. Au-delà de leur succès créatif et artistique, ils sont également devenus un grand succès commercial. Nirvana a vendu plus de 25 millions d'albums aux États-Unis et au-delà de 50 millions dans le monde entier. Pour les observations extérieures, Kurt Cobain avait tout ce qu'il voulait. Il était marié à une belle actrice/musicienne, qui lui enfanta une fille. Il avait un renommé mondial, il était multimillionnaire et avait le respect de tous les musiciens de tous les genres.

Cependant, presque tout le monde connaît le reste de l'histoire. À l'âge de seulement 27 ans, Kurt Cobain a pris sa propre vie. Il avait lutté avec des problèmes d'estomac pendant des années, il était alcoolique, il avait été consommateur de drogue pendant longtemps et il était désespérément dépendant de l'héroïne. Il était mal à l'aise avec son succès et sa perte de sa vie privée. En outre, il était bipolaire et prône à des périodes de dépression.

1 Parfois, on peut même comprendre les paroles.

Essayer de chercher à travers l'épave d'une vie comme celle de Cobain est problématique. Quelle partie de la drogue, de la maladie et du déséquilibre chimique a joué un rôle dans sa mort? C'était tout simplement impossible d'y répondre. Cependant, un petit indice peut être tiré d'une note qu'il a écrite à son ami d'enfance imaginaire, un peu avant sa mort. Dans ce document, Cobain a exprimé qu'il n'avait pas « ressenti l'excitation d'écouter la musique et de la créer, ainsi que de vraiment écrire… depuis beaucoup trop longtemps. » En quelque sorte, toutes les aptitudes et les réalisations de Cobain avaient perdu toute signification pour lui. Dans un certain sens, tout était devenu inutile.

La signification, ça compte

Ma citation préférée de tous les temps est attribuée au prédicateur et théologien, D. L. Moody : « notre plus grande crainte ne devrait pas être que nous ne réussirons pas, mais plutôt que nous réussissons à quelque chose qui n'a pas d'importance. » (D. L. Moody) Cette citation est profonde pour quiconque qui ne veut pas gaspiller sa vie. Le succès n'est pas en fait, toute l'affaire. C'est le succès *significatif* qui l'est. Ça, c'est-à-dire quelque chose. *C'est* un héritage.

> **« Notre plus grande crainte ne devrait pas être que nous ne réussirons pas, mais plutôt que nous réussissons à quelque chose qui n'a pas d'importance. »**
> **—D. L. Moody**

Vous vous souviendrez que dans notre schéma original des seaux, l'héritage est le contenant dans lequel nous y versons le temps qui nous est donné. C'est le récipient qui reçoit le produit de ce que nous avons fait de nos vies. C'est là que ce que nous faisons est « récupéré du passé. » Pourquoi? Parce que comme Victor Frankl l'a dit : c'est « l'aspiration la plus pro-

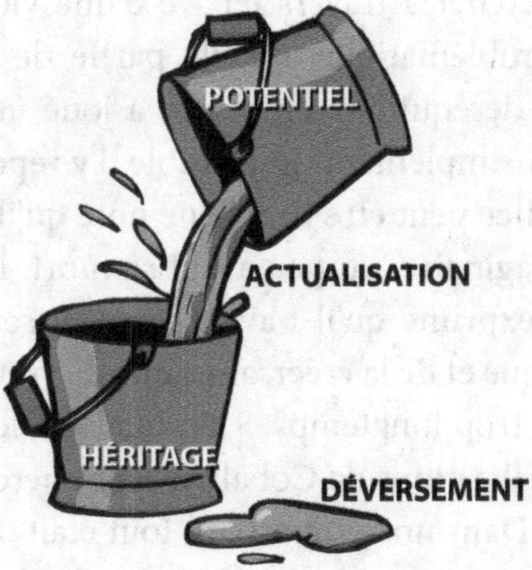

fonde de l'homme ». C'est une attraction inévitable. C'est le sens de nos vies. Nous sommes censés avoir de l'importance. Nous voulons compter. Nous sommes conçus pour compter. Notre héritage ne doit pas être simplement une accumulation d'activités sans signification. Il devrait avoir un sens réel.

Nous sommes conçus pour compter.

Dans l'introduction de ce livre, j'ai déclaré que la vie n'est pas seulement de conserver un emploi, de s'en sortir, ou même de réussir financièrement, de trouver la gloire, de nous amuser ou de réussir une tâche immense. En fin de compte, ce que nous faisons doit seulement avoir une *signification*.

Alors, qu'est-ce que cela signifie ?

Dans le cas du roi Pyrrhus, ses contributions au monde, par de violents combats et d'alliances rusées, n'ont pas produit de contribution durable au monde. Il a réussi à gagner du temps et de la notoriété pour rien. Andrew Jackson Brady et l'ancêtre de ma femme, dans sa charrette, ont vécu et sont morts dans la plus grande obscurité. Cependant, ils semblent avoir contribué à une importante tradition familiale. Le travail de Curt Cobain a diverti des millions de personnes, mais n'a plus eu de signification pour *lui*.[2] Il avait atteint la célébrité, la fortune, et la critique, mais son héritage était apparemment insupportable, car elle était vide. Il n'est pas le seul exemple de cette situation.

En fait, la liste de ceux qui semblaient « avoir tout », mais qui étaient insupportablement malheureux, est aussi longue que le trottoir des célébrités à Hollywood. Alors ce qui est normal de conclure, c'est que tout l'argent, toute la gloire et tout le succès ne vous apporteront pas automatiquement le bonheur. Alors que c'est vrai, la vérité va plus loin. La meilleure façon de voir les choses est de se rendre compte que rien dans le monde n'apporte du bonheur ou de la satisfaction durable si elle n'a pas de signification. De réussir sans signification, c'est ne pas réussir du tout.

De réussir sans signification, c'est ne pas réussir du tout.

Beaucoup de choses qui s'avèrent avoir une signification manquent selon la manière de mesurer du monde. Le monde mesure la réussite avec l'argent, le pouvoir, la célébrité, l'apparence, le confort et l'amour. En revanche, ce que nous voyons dans presque toutes les analyses de la signification implique une contribution aux *autres*. Il a été dit en plaisantant que « Si nous sommes ici pour servir les autres, que font les autres ici ? » Blague à part, nous savons qu'au plus profond de nous, nous sommes plus heureux quand nous sommes au service des autres. Nous voyons donc que le bonheur ne peut pas être atteint en le cherchant directement. Le bonheur est le sous-produit d'accomplir de bonnes choses dans la vie. Et, les « bonnes choses » impliquent toujours de servir, d'aimer, d'avoir de l'empathie et de contribuer à d'autres. Alors, la seule façon d'*être* heureux est de *donner* le bonheur. Plus nous donnons, plus cela compte, et nous recevons un avantage

2 Du moins, il semble que ce soit une possibilité parmi tant d'autres de sa fin tragique.

supplémentaire, celui d'être plus heureux en même temps. En fin de compte, en tant que chrétien, je sais que dans ma vie, ma plus grande réalisation vient en servant le Christ et en cherchant sa Gloire dans tout ce que je fais. Je n'essaie pas de faire cela afin d'être comblé, par contre, j'ai constaté que je suis comblé comme un avantage secondaire en faisant ce dont j'ai été conçu à faire depuis le départ — l'utilisation de mes cadeaux et de mes jours à glorifier et à pointer vers mon Créateur.

Cela ne veut pas dire que nous ne voulons pas accomplir quelque chose de mémorable. Cela ne signifie pas non plus que nous ne devrions pas gagner de l'argent, être une célébrité ou accomplir de grandes réalisations. C'est juste que nos réalisations doivent apporter une signification réelle dans nos vies afin de nous combler. Elles doivent être au service d'autrui et de Dieu si elles veulent vraiment faire une différence.

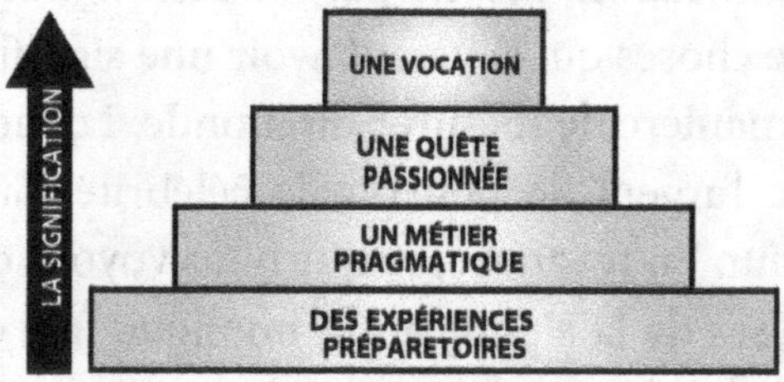

Cela nous ramène à notre construction de la ziggourat. Si nos vies sont orientées vers le haut, vers une vocation déterminée, soutenue en comblant des passions et en l'entretenant avec des activités pragmatiques, alors nous serons captivés dans une vie significative. C'est lorsqu'il n'y a pas cette boussole interne qui pointe vers une plus haute vocation que nous perdons de la signification dans notre vie. Il se peut même que nous ayons de grandes passions et des talents, mais s'ils ne servent pas une plus grande vocation qui n'est pas propre à nous, ces efforts seront inutiles.

Pour en revenir à Kurt Cobain : Qui essayait-il de servir? Qu'est-ce qu'il tentait d'accomplir? Quels objectifs en dehors de lui-même contribuaient-ils avec les heures de sa vie? Il est impossible de savoir, bien sûr, mais il y a très peu de traces de rien en dehors de quelques engagements sociaux. Ils peuvent avoir été nobles, mais ils ne semblent pas avoir été l'étoile qui a guidé et orienté sa vie. Une vie va à la dérive comme un navire sans gouvernail si elle n'a pas d'orientation claire pour naviguer.

Votre vrai héritage commence par ce qui a le plus de sens pour vous personnellement et paradoxalement, cela signifie qu'il doit être extérieur à vous en servant un objectif supérieur à vous-même. Sans cela, vous serez, non comblé et vide, à la dérive, réussissant (ou non) à quelque chose qui n'a vraiment pas d'importance. En bref :

Il n'est pas aussi important de réussir
Comme il l'est d'être bienveillant
Et vous accomplirez probablement le premier
Si vous visez pour ce dernier.

Le risque de chute

Il y a environ un an, ma mère était hospitalisée pour une chirurgie de remplacement de la hanche. Pendant les journées douloureuses de rétablissement, à la fois sur les murs de sa chambre d'hôpital et sur son poignet étaient des panneaux d'une couleur orange vif qui lisait, « Risque de chute. » Ce panneau signifiait, évidemment, que dans son état, elle était une candidate pour l'instabilité et la faiblesse qui pourrait l'entraîner à trébucher. Toujours dangereux pour les personnes âgées,[3] une chute pour un corps qui vient de recevoir une nouvelle hanche pour-

3 Oh, elle ne va pas aimer cette terminologie!

rait être tout à fait terrible. D'où la nécessité des rappels aux gens par des panneaux fournis.

De la même façon, nous, les humains sommes instables, faibles et susceptibles de tomber à tout moment. Bien sûr, je ne parle pas d'un handicap physique comme dans le cas de ma mère, mais plutôt d'une chute morale.

Il aurait été agréable de terminer le chapitre plus tôt. Parler de réalisations et de sens de la vie d'une personne peut être passionnant. Mais aucune discussion au sujet de laisser un héritage rempli de sens ne serait complète sans considérer les dangers qui les guettent à chaque virage et les menacent de les ternir ou de les détruire. Cela n'a rien à voir avec le fait que le succès est difficile, comme nous l'avons déjà discuté. Ce débat a porté sur le sujet des défis d'escalader la colline. Il s'agit plutôt d'un avertissement sur les dangers du succès lui-même — en particulier, la facilité avec laquelle on peut tomber du haut de la colline. Dans les mots du groupe rock Faster Pussycat, « C'est un long chemin pour monter et une courte chute pour descendre. »

Vous voyez, plus on monte, plus on doit être conscient de la possibilité d'une chute. Les hauteurs vertigineuses du succès peuvent aussi servir comme des plates-formes à partir desquelles une vie bien vécue peut plonger à une conclusion destructrice. Plusieurs grands héritages ont été ruinés par la réussite d'une personne soit qu'elle lui a « monté à la tête » ou bien en inaugurant des tentations imprévues particulièrement reliées à un poste aussi élevé. Comme nous l'avons vu dans le cas de Kurt Cobain, elles peuvent être très réelles.

Les hauteurs vertigineuses du succès peuvent aussi servir comme des plates-formes à partir desquelles une vie bien vécue peut plonger à une conclusion destructrice.

Le professeur de l'université Stanford, Philip G. Zimbardo, a déclaré dans une entrevue :

> Les bonnes personnes ne se précipitent pas à faire le mal là où les anges craignent de marcher; ils commencent plutôt par s'éloigner un peu de leur centre moral et chaque étape successive n'est guère différente, à peine perceptible jusqu'à ce qu'il soit trop tard et leur comportement est choquant et peut même être... horrible.

Dans la Bible, il y a beaucoup d'histoires de gens qui ont accompli de grandes choses et des choses significatives pour seulement succomber à la tentation et souiller tout ce qu'ils avaient atteint auparavant. Ces « chutes » semblaient avoir eu lieu dans plusieurs catégories. Noé prêcha fidèlement pendant un siècle (sans même convertir une seule personne) et il a construit un bateau pour survivre à l'inondation, mais ensuite, après tout, se déshonora lui-même dans l'ivresse. Gédéon a conduit la minuscule armée qui a défait les puissants Madianites, mais ensuite cela lui monte à la tête et il façonna des ornements en or pour sa propre gloire. On appelé David « Un homme selon le cœur de Dieu », mais par la suite, il a commis l'adultère et tua le mari de l'infidèle. Salomon était nommé le plus sage de tous et a connu de grandes richesses et prospérité, mais ensuite il s'est tourné vers l'idolâtrie. Enfin, Judas était un membre approuvé du cercle intérieur de Jésus, mais trahit son chef pour de l'argent. Qu'est-ce que ces cinq exemples ont en commun? Ces personnes sont toutes « tombées » de haut.

Nous pouvons décortiquer les causes de ces cinq chutes présentées dans ces exemples comme suit :

1. L'abus de substance
2. La fierté

3. Le désir
4. L'idolâtrie
5. L'avarice

Nous pourrions certainement nous construire une liste plus longue et donner encore plus d'exemples, mais je suis persuadé que cette liste est suffisante pour prendre la plupart de nos faiblesses en considération. En roulant à toute vitesse à travers les jours de notre vie et en déversant de notre potentiel dans notre héritage, nous voulons être au courant des pièges le long de la route. Aucun de nous ne sommes immunisé à la tentation de tomber. Aucun d'entre nous ne vit sans danger de tomber dans la tentation. Il est extrêmement utile de prendre conscience des péchés particuliers qui ont le potentiel de vous attirer et de prendre des mesures afin de nous protéger contre eux. Il pourrait même être utile de visualiser de grands panneaux orange vif affichés partout dans votre domaine spécifique de la tentation en proclamant, « Danger : risque de chute ».

Pendant que vous versez le potentiel de votre vie dans votre passé, rappelez-vous toujours que vous laissez un héritage. Afin qu'il ait le plus haut niveau possible de signification, il doit être libre de scandale et de honte. Procédez avec précaution, car lorsque vous faites le bilan de votre vie, vous êtes censés être fiers de tout!

– 8 –

L'originalité

En 1923, un membre du conseil d'administration, de la Banque Lloyd à Londres, a dit à un expert littéraire lors d'une fête : « Vous connaissez peut-être l'un de nos employés qui, je crois comprendre, est aussi un poète, M. Eliot. »

La réponse donnée fut : « En effet, je le connais, c'est un poète remarquable. »

« Je suis heureux de l'apprendre. Il est aussi très compétent dans le domaine bancaire. En effet, ça ne me dérange pas de vous dire que s'il continue de cette façon, il deviendra un jour un *directeur senior de la banque !* »

Heureusement pour les admirateurs de littérature du monde entier, T.S. Eliot ne s'est pas contenté uniquement de ce qu'il *pourrait* devenir, mais il est allé de l'avant vers ce qu'il *devait* devenir.

Nous avons discuté au sujet des éléments de sens et de scandale en ce qui a trait au fait de laisser un héritage. Ces deux pôles opposés devraient toujours être présents dans notre esprit, tout au long de notre vie. Nous devons nous efforcer de faire la plus grande différence possible autour de nous et nous mettre en garde contre les inévitables tentations qui déprécieraient nos accomplissements. Toutefois, le fait de laisser

> Il y a plusieurs choses que nous *pouvons* faire, mais probablement une seule que nous sommes *nés* pour faire.

un héritage est beaucoup plus complexe et multifactoriel que tout ça. D'autres éléments doivent être inclus dans cette panoplie. Premièrement, parmi ceux-ci, on retrouve l'originalité. Il y a plusieurs choses que nous *pouvons* faire, mais probablement une seule que nous sommes *nés* pour faire.

Qu'est-ce que vous avez ?

Brad Pitt était un étudiant collégial de vingt-deux ans, à l'Université du Missouri, n'ayant que deux crédits à terminer pour obtenir son diplôme de journalisme. Avec seulement un dernier travail de session à remettre pour obtenir son diplôme, Pitt a finalement admis qu'être journaliste n'était vraiment pas ce qu'il voulait faire.

> J'ai toujours su que j'allais quelque part, que j'allais faire une grande sortie. Je le savais. Je le savais. Je savais qu'il y avait beaucoup plus de points de vue dans ce monde. Je voulais les voir. Je voulais les entendre. J'ai toujours aimé les films comme outil d'apprentissage, une façon d'être exposé à des idées qui ne m'avaient encore jamais été présentée. Ce parcours n'était tout simplement pas sur la liste des choix de carrières offertes là où j'ai grandi. Soudainement, il m'est apparu, deux semaines avant ma diplomation, que si l'occasion n'est pas offerte ici, je n'avais qu'à me rendre *jusqu'à* elle. C'est si simple. Par contre, cela ne m'était jamais venu à l'esprit auparavant. Je n'ai qu'à aller vers elle.

Tout d'un coup, Pitt s'est détourné du collège, a travaillé quelques semaines dans la compagnie de son père pour gagner un peu d'argent pour le voyage et l'essence. Peu de temps après, il conduisait vers l'ouest en criant dès qu'il franchissait les frontières d'un État. Il n'avait jamais été plus loin vers l'ouest que le Colorado.

Tom Junod a écrit : « Brad Pitt est devenu une vedette du cinéma avant même d'être lui-même acteur. Le secret de Pitt était assez simple en soi : il n'était pas si bon, mais il avait déjà appris à profiter de son manque d'expérience et de technique comme son arme secrète. » (Le directeur David Fincher disait : « avant de devenir quelqu'un, il est difficile d'être soi-même. ») « Toutefois, » continuait Junod, « Pitt n'avait pas le choix. Il devait apprendre à être lui-même devant les caméras, car il n'était pas facile pour lui de devenir quelqu'un d'autre ». Et c'est le secret de Brad Pitt. Pendant que la plupart des admirateurs flattent les acteurs et les actrices pour leurs talents et leurs habiletés à dépeindre d'autres personnages, les amateurs de cinéma semblent apprécier Brad Pitt pour lui-même. Un peu de la même façon que pour John Wayne et Lucille Ball avant lui (qui avaient aussi de la difficulté à interpréter d'autres personnages), Brad Pitt était un original. Il était aimé pour celui qu'il était et non pour les personnages qu'il jouait.

En restant dans le thème du cinéma, dans le film *Walk the line (Du feu dans les veines)*, l'audition du studio d'enregistrement de l'auteur-compositeur-interprète Johnny Cash est présentée comme le premier grand tournant pour sa carrière. La scène commence avec son groupe et lui qui jouent une chanson gospel simple et facile. Sam Phillips, le gérant du studio, les a immédiatement interrompus. Il n'est pas impressionné. Dans ce qui est interprété comme un moment décisif au début de la carrière de Johnny Cash, Phillips dit :

> Si vous étiez heurté par un camion, étendu par terre en train de mourir et que vous ne puissiez chanter qu'une dernière chanson, n'est-ce pas ? Une chanson dont les gens se souviendraient avant que vous ne mouriez. Une

chanson qui laisserait savoir à Dieu à quel point vous avez apprécié votre temps sur terre. Une chanson qui vous décrirait. Vous me dites que c'est cette chanson-là que vous chanteriez ?!... Ou… chanteriez-vous quelque chose de différent ? Quelque chose de vrai. Quelque chose que *vous* ressentez. Parce que je vous le dis tout de suite, c'est le genre de chanson que les gens veulent entendre.

En réponse à cela, Cash et ses musiciens ont lancé la chanson extrêmement créative et improvisée « Folsom Country Prison ». C'était un morceau de musique si rare et inusité, totalement original, que le film dépeint ce moment comme le lancement de la carrière de Johnny Cash. Malgré le fait que, dans la vraie vie, l'audition de Johnny Cash au studio d'enregistrement Sun Records n'a pas été si dramatique, et que la chanson gospel rejetée dans le film était enregistrée par Sun Records, le principe demeure. C'était le travail original de Johnny Cash qui a établi sa grande carrière, non pas les enregistrements sûrs « faciles » que d'autres ont faits avant lui. Johnny Cash est devenu un grand dans l'industrie du divertissement en raison de son originalité. Le film, malgré quelques autorisations dramatiques, démontre parfaitement ce concept.

Mark Twain a trouvé sa voie tardivement. Il dérivait d'un emploi à un autre, allant vers l'ouest pour être le secrétaire de son frère dans ce qui semblait être une tentative pour éviter la Guerre civile, a travaillé sur les bateaux de rivières, a essayé la recherche d'or et est progressivement devenu journaliste pour enfin devenir un écrivain. Il ne semblait pas entrer dans un moule préexistant et il devint tout aussi populaire en tant qu'écrivain qu'en tant qu'orateur public. Ces romans n'étaient pas seulement des romans, et ces récits de voyage n'étaient pas seulement sur les voyages.

Peu importe ce qu'était Twain, il était certainement un original. En effet, le monde littéraire n'avait jamais rencontré quelqu'un comme lui. Il semblait non seulement vouloir transgresser les règles, mais aussi se moquer de ceux qui les suivaient et les faisaient respecter. Cela, bien sûr, exaspérait les critiques tout en enchantant son public. Charles Neider a écrit :

> Twain avait le tempérament d'un artiste sans avoir une trop grande conscience artistique. Son génie était essentiellement occidental, ses forces, la terre, les gens, leur langage et leur humour. Ce qui lui manquait était une connaissance de la pensée orientale pour affiner son travail. Peut-être qu'une telle connaissance l'aurait inhibé et éventuellement ruiné. Il savait probablement mieux que quiconque ce qui *lui* était le plus nécessaire. Ce qu'il avait, il l'avait en grande quantité; le pouvoir pur de l'homme avec le cadeau de l'éloquence. Il savait ce qu'était une histoire, à quoi elle servait et de quelle façon l'utiliser… à son meilleur, il est exubérant.

Dans les trois exemples précédents, nous distinguons des individus ayant des défauts, un manque d'expérience et peut-être même un talent limité. Par contre, rien de tout ça n'est important. Ils n'ont pas été retenus par ce qu'ils *n'avaient pas*. Finalement, ils ont été propulsés vers l'avant par ce qu'ils *avaient*. C'est une leçon importante à retenir. Nul d'entre nous ne peut changer les dons et les habiletés que nous avons reçus. Par contre, nous pouvons faire tout le nécessaire pour maximiser ce que nous *avons* et ce que nous *avons* reçu.

Ce n'est pas chose facile, toutefois. C'est un grand projet de découvrir ce qui est à nous, et seulement à nous. Dans les exemples précédents, aucun des trois hommes ne semble avoir débuté avec autre chose qu'un vague concept de qui ils étaient, avec leur originalité propre. Cela a pris du temps, du courage, de la persévérance et du travail pour le découvrir et l'apprivoiser. Encore une fois, le concept du gâteau à étages ou de la ziggourat peut nous venir en aide. Sans avoir tout résolu à l'avance, nous pouvons au moins nous diriger dans la bonne direction, en sachant que nous pouvons résoudre le reste en chemin. Par contre, il est essentiel de réaliser que votre principale contribution viendra de votre originalité la plus exceptionnelle. À la fin, votre héritage viendra en faisant ce que seulement vous pouvez accomplir et de la manière dont seulement vous pouvez le faire. Steven Pressfield a écrit : « Notre travail dans cette vie n'est pas de nous modeler en un idéal que nous imaginons que nous devrions être, mais bien de trouver qui nous sommes vraiment et de devenir cette personne. »

Votre principale contribution viendra de votre originalité la plus exceptionnelle.

Votre propre marque

Ça vous est arrivé et seulement à vous. Personne d'autre n'a votre histoire. Personne d'autre n'a votre mariage particulier d'expériences et d'habiletés. Non seulement Dieu vous a fait unique en tout ce que vous êtes, mais la vie qu'il vous permet de vivre est aussi unique à vous. Personne d'autre n'a vécu le monde exactement de la même façon que vous. Ces concepts sont importants à comprendre, car ils forment la base de votre marque personnelle.

Le plus authentique vous resterez dans vos actions, c'est ce qui est le plus intéressant pour les autres.

Qu'est-ce qu'une marque personnelle ?

Une marque personnelle est tout ce que vous faites ou tout ce que vous apportez au monde, qui est unique et propre à vous. Étonnamment, plus vous restez collé à ce qui vous est unique, et plus authentique vous resterez dans vos actions, c'est ce qui est le plus intéressant et le plus remarquable pour les autres.

Permettez-moi de vous donner un exemple.

Ma femme, Terri Brady, est une personne très intéressante avec une marque personnelle irréfutable. Au-delà de toutes les choses fondamentales qui m'ont attiré vers elle au collège (son amour du Seigneur, ses valeurs et son éducation, sa beauté, son courage, sa joie de vivre, son intelligence naturelle, son talent musical, et par-dessus tout son incroyable sagesse pour m'avoir choisi moi !), elle a vécu une vie incroyablement intéressante et inspirante. Sa liste d'expériences de marque comprend une infertilité prolongée, es survie à une tumeur au cerveau extrêmement grave, un diplôme d'ingénieur ainsi que de l'expérience dans ce domaine, faire l'école à la maison à nos quatre enfants, un record constant de forme physique, la maîtrise de plusieurs instruments de musique, un dévouement à servir au nom du Christ, à guider et à mentorer plusieurs autres femmes, propriétaire en affaires et entrepreneuriat de hauts niveaux, fantastique conférencière tout autour du monde, et une blogueuse très populaire (ainsi qu'un livre basé sur ce blogue), sans oublier le fait d'être mariée à un rascal comme moi !

En plus de ces expériences uniques, dont plusieurs étaient hors de son contrôle, la façon dont elle les a traversées est encore plus impressionnante. Les défis sont venus sans plaintes, et les victoires, sans vanité. Si vous combinez toutes ces choses, vous obtenez une femme incroyable qui a beaucoup à partager. Tous ces éléments mis ensemble constituent la marque personnelle de Terri. Ils la rendent intéressante. Ils donnent du poids à ses enseignements. Ils donnent du pouvoir à ce qu'elle dit.

Et maintenant, que se passerait-il si Terri essayait d'enseigner aux gens la plongée sous-marine ou de produire un produit basé sur la mode ? Ça ne fonctionnerait pas. Ce n'est tout simplement pas elle. Ça ne fait pas partie de sa marque, et les gens le ressentiraient inconsciemment, le rejetant comme faux et peu sincères.

L'objectif de cet exemple (à part un stratagème effronté pour gagner des points auprès de ma femme) est de démontrer que ce que nous sommes au plus profond de nous, dans la version la plus authentique de nous-mêmes, est ce que nous devons nous concentrer à amener au monde. Lorsque vous ferez précisément ça, vous serez le plus accompli. C'est lorsque vous faites exactement ce que vous avez été créé pour faire avec les dons particuliers que Dieu vous a donnés que vous vous sentez le plus vivant. Toutes les fois où vous vous éloignez de cette voie, vous vous sentez moins vous-même, moins vivant, moins vrai. Par ailleurs, c'est lorsque vous présentez cette authentique version de vous que le monde vous porte attention. Les gens veulent ce que vous avez de mieux à offrir, rien de moins.

Ce que nous sommes au plus profond de nous, dans la version la plus authentique de nous-mêmes, est ce que nous devons nous concentrer à amener au monde.

Le concept de Margaritaville

Jimmy Buffett est un musicien phénoménal et un artiste de succès. Il a attiré une bande d'admirateurs exaltés s'habillant avec des costumes extravagants près à le suivre partout lors de ces tournées de concerts. Il a vendu des millions et des millions d'albums et de livres. Il possède une série de restaurants à succès et une ligne de vêtements. Il a même une chaîne sur la radio satellite ! Au cours de plus de quatre décennies, Jimmy Buffett a rassemblé un énorme empire de divertissement. Et finalement, lorsque l'on y regarde de plus près, on s'aperçoit qu'il a réalisé tout cela avec seulement une chanson.

Si vous écoutez la musique de Buffett dans ses premières années, vous vous apercevrez qu'elle ne ressemble pas vraiment à sa marque de commerce. C'est évident qu'à ses débuts, il n'avait pas encore vraiment touché le cœur de son véritable et authentique talent, de sa marque personnelle qui un jour allait ravir des millions de gens. Brent Webster, un ami musicien de Jimmy dans ses premières années, a parlé du désir intense qu'éprouvait Jimmy à percer dans le domaine de la scène musicale. « On avait l'impression qu'il essayait trop. Son exubérance le précédait. »

Vingt-six maisons de disques ont rejeté Jimmy Buffett. Joe Allison, cadre chez Capitol Records, a dit de Jimmy à ce moment-là : « Il m'a présenté du matériel, mais rien que je pouvais utiliser… Son matériel était tellement extravagant, qu'il était difficile d'imaginer quelqu'un d'autre l'utilisant. Il n'écrivait pas comme les autres ; il était vraiment différent. »

Dès que Jimmy a sorti la chanson « Margaritaville » (qui devait à l'origine s'intituler « Wastin' Away Again in Margaritaville [dépérir encore une fois à Margaritaville] », mais il a été changé à la dernière minute par Jimmy), il avait trouvé sa tonalité originale, son genre musical qui transportait les gens loin de leurs vies froides et ennuyeuses vers le chaud soleil tropical. Selon Steve Eng : « Le profond attachement de Jimmy pour l'imagerie des Caraïbes est ce qui l'a démarqué des simples artistes country rock *et* des nouveaux hippies folk pop. Dès le milieu des années soixante-dix, Jimmy a créé, et non suivi, un mouvement musical. »

La chanson « Margaritaville » a gagné la BMI pop award de 1977, le country award de 1978, et finalement le « Three Million Air Award » pour le nombre de fois où elle est passée à la radio. Tout cela était très impressionnant, mais ce n'était que le début. La partie la plus importante était que Jimmy avait non seulement touché son talent vrai et original, mais il l'avait aussi reconnu rapidement. Depuis, avec chaque album, chanson, livre, restaurant et ligne de vêtements, Jimmy a exploité cette marque personnelle très originale.

L'image que nous obtenons ici est celle d'un ambitieux jeune musicien travaillant fort pour réussir, cherchant sa marque personnelle unique et originale, et qui a graduellement intégré tous les éléments des divers champs d'intérêt de sa vie dans sa musique. Eng a écrit : « Jimmy a déclaré que les thèmes des Keys de la Floride sur ces albums n'étaient pas planifiés; ils se sont développés naturellement ». Ils ont peut-être évolué, mais une fois fait, Jimmy a découvert ce créneau original et s'y est appuyé fortement tout au long de sa carrière.

Imaginez aller à un concert de Jimmy Buffet. Vous vous laissez emporter par la foule enthousiaste. Vous chantez quelques-unes des chansons. Vous vous sentez détendu et heureux en vous évadant dans les îles pour quelques instants amusants et éphémères. Toutefois, qu'arriverait-il si Jimmy Buffet finissait son concert sans interpréter la chanson « Margaritaville » ? Vous vous sentiriez non seulement désappointé, mais aussi lésé. Buffet doit interpréter cette chanson à chacun de ces concerts parce que c'est un classique incarnant sa marque personnelle, et Buffet étant un artiste sensationnel et voulant plaire aux foules le sait mieux que quiconque.

Ce principe s'applique n'importe où. Imaginez la déception des gens si Stephan King sortait un livre de mariage, ou Dave Barry un roman sérieux. Ou encore si Michael Jordan quittait le basketball pour jouer, je ne sais pas, disons au baseball ? Ces personnes (et toutes personnes qui réussissent, peu importe le milieu) ont réussi en trouvant leur vrai et authentique don et en le transmettant avec enthousiasme.

Ce qui nous ramène à vous.

Quel est (ou pourrait être) votre marque originale ?

Quels sont vos talents particuliers ?
Quelles sont vos expériences uniques ?
Comment vous êtes-vous développé, et que pouvez — vous apporter pour donner suite à vos expériences ?
Quel talent naturel Dieu vous a-t-il donné qui vous est unique ?
Qu'est-ce qui vous fait sentir le plus vivant ?
Qu'est-ce qui vous fait sentir le plus accompli ?
Quelles actions posez-vous qui semble vous apporter le plus d'éloges ?
Qu'est-ce qui pourrait être votre « Margaritaville » ?

La clé c'est de se connaître, de connaître *ce que l'on a.* Vous ne pouvez peut-être pas répondre pour l'instant à ces questions, et de même qu'avec l'artiste que nous avons étudié dans ce chapitre, ça vous prendra peut-être des années pour trouver les réponses à ces questions. Par contre, je vous garantis que, si vous y répondez et que vous agencez ensemble ces réponses, vous vous dirigerez dans la bonne direction. En sachant cela, vous devriez rechercher le moyen de découvrir ce concept à propos de vous, c'est un point de départ phénoménal.

Que cela signifie que vous écrirez des livres et des blogues, créerez de la musique, parlerez sur scène, prêcherez, bâtirez une compagnie, peindrez, organiserez quelque chose, jouerez à un sport, deviendrez un chirurgien, dirigerez une œuvre de charité, inventerez une nouvelle technologie, peu importe, si vous alignez tous les éléments pour être un produit de ce que vous êtes et de ce que vous pouvez apporter d'unique au monde, vous allez réussir. Vous n'êtes peut-être pas un musicien, mais vous avez votre propre et unique chanson à chanter. Vous ne faites peut-être pas ce que vous faites devant public, mais vous avez tout de même une marque personnelle à découvrir et y construire. Je crois vraiment que chacun d'entre nous a sa propre « Margaritaville » qui attend d'être découverte. Par cela, je veux dire que vous trouverez satisfaction et épanouissement dans le fait de contribuer à quelque chose où vous seul pouvez contribuer.

Ne vivez pas la vie de quelqu'un d'autre, et ce, même pour une minute. Vivez votre vie. Elle est unique. Trouvez votre « Margaritaville » et chantez-la avec tout ce que vous avez jusqu'à ce que vous ne puissiez plus chanter. Glenn Kelman, CEO de Redfin a dit : « ce qu'il y a avec notre monde dingue et frénétique, c'est qu'il est absolument affamé pour des personnalités authentiques ».

Je vous promets qu'il y aura des admirateurs qui applaudiront pour vos réalisations uniques et authentiques. Il y aura toujours un marché pour votre originalité à son meilleur.

– 9 –
Le déversement

Si c'est vrai qu'avoir l'air intelligent est de penser à quelque chose de stupide à dire et puis de ne pas le dire, l'étape suivante serait de dire que la meilleure façon d'être efficace, est de penser à quelque chose d'inutile à faire et de ne pas le faire.

Jusqu'à présent, nous avons discuté de plusieurs éléments clés, qui composent notre héritage de vie. Une autre série de facteurs devraient également être pris en considération et ce sont toutes des choses qui *n'arrivent pas* à se rendre dans notre seau d'héritage, mais ils sont plutôt gaspillés comme un déversement. Comme nous versions les jours de notre vie, de notre seau de potentiel, à notre seau d'héritage, nous en éclabousserons inévitablement un peu, nous raterons la cible, et ce, en contribuant seulement un peu moins que nous en avons reçu. Il n'y a rien d'aussi évident qu'un potentiel gaspillé, mais encore, l'ampleur possible de ces déchets peut être énorme. C'est seulement en reconnaissant les façons que nous gaspillons notre potentiel et dont nous le versons dans le néant, que nous pouvons être attentifs à maximiser notre contribution.

Les échecs

Un jour, j'étais dans une librairie parcourant la section sur la fiction historique. J'ai un penchant pour un roman bien écrit, situé dans un temps historique réel et impliquant des personnages de notre passé. Feuilletant les noms familiers de Bernard Cornwell, Conn Iggulden, et Jeff Shaara, je fus surpris de croiser sur quelques livres de ce genre par Steven Pressfield. Je savais que Pressfield était le créateur de l'histoire du film *La légende de Bagger Vance*, à laquelle j'ai fait référence à plusieurs reprises. Intrigué, j'ai acheté les deux livres et les ai lus avec enthousiasme. Ils ont été remarquables. Ils m'ont transporté dans le temps, m'ont immédiatement intéressé à leurs personnages, et m'ont aussi appris beaucoup sur les époques, où ils ont été fixés. Impressionné par l'ampleur de la capacité créative de Pressfield, j'ai approfondi l'histoire de son succès.

Apparemment, il a fallu dix-sept ans à essayer avant que Pressfield ait obtenu son premier emploi d'écriture professionnelle. C'était un partenariat sur un scénario pour un film appelé *King Kong Lives.* Enthousiaste et sûr de réussir, Pressfield a invité tous ceux qu'il connaissait à la première animation de film. Personne n'est venu. Pas une âme. Ensuite, une critique du film dans *Vanity Fair* a dit, de Pressfield et l'autre homme, qui a aidé à écrire le script, « ... Ronald Shusett et Steven Pressfield; nous espérons que ce ne sont pas leurs vrais noms, pour l'amour de leurs parents. » Parlez d'une critique !

Pressfield écrit lui-même de ce temps dans sa vie :

> Ici, j'étais âgé de quarante-deux ans, divorcé, sans enfants, ayant renoncé à toutes les activités humaines normales, pour chasser le rêve d'être un écrivain. Maintenant, j'ai enfin eu mon nom sur une grosse production de Hollywood... et qu'est-ce qui arrive ? Je suis un perdant, un faux; ma vie est sans valeur, et je le suis aussi.

Si l'histoire avait terminé là pour Pressfield, nous pourrions ne jamais avoir entendu parler de lui. Mais quelque chose est arrivé. Dans les mots de Pressfield :

> Mon ami... m'en a sorti en me demandant si j'allais arrêter d'écrire... non ! [Pressfield répondit.] « Alors, soyez heureux. Vous êtes où vous vouliez être, n'êtes-vous pas ? Alors vous prenez quelques coups. Voilà le prix pour être dans l'arène et non pas sur le banc de touche. Arrêtez de vous plaindre et soyez reconnaissant. »

Il est difficile d'imaginer parfois la résistance et le rejet, dont les gens qui réussissent, ont dû franchir pendant leurs voyages. Nous les regardons et nous voyons immédiatement leur génie, leur capacité, leur élan authentique. Nous les connaissons par leur « Margaritaville. » Mais l'excellence vient seulement après la longue lutte contre tous les obstacles qui se présentent. Ceci est facile d'oublier, en considérant quelqu'un qui a « réussi ».

Cependant, il y a une autre leçon plus profonde à tirer de l'histoire de Pressfield. En effet, on lui a dit de ne pas gaspiller son échec. Précisément, on lui a rappelé d'en être *reconnaissant* !

Nous avons déjà échangé la question, que l'échec n'est pas fatal aussi longtemps qu'il n'est pas final. Par contre, nous devons souligner ici que les échecs sont extrêmement utiles s'ils sont utilisés correctement — c'est-à-dire, s'ils sont pris comme des expériences d'apprentissage et utilisés pour nous rendre meilleurs.

Les échecs font mal. En lisant le compte du premier fiasco professionnel de Pressfield, il est facile de sentir sa douleur et son embarras. Mais heureusement, pour des milliers d'admirateurs dans le monde entier, Steven Pressfield n'a pas permis à ses humiliations de le définir ; au lieu de cela, il les a laissés l'affiner. Le concept est simple, mais difficile de vivre d'une manière systématique : nos échecs ne devraient pas nous *définir,* mais plutôt nous *raffiner.*

Nos échecs ne devraient pas nous *définir,* mais plutôt nous *raffiner.*

Trop souvent, nous permettons que nos échecs se gaspillent. À la suite de la douleur d'avoir échoué, nous renonçons, nous boudons, nous sommes amers, nous perdons confiance et nous perdons l'espoir. Dans de tels cas, les échecs blessent, mais ils ne sont pas autorisés d'instruire. Ils nous démoralisent, mais ne sont pas servis pour nous soulever plus haut. Ils nous font paraître bêtes, mais nous ne leur permettons pas de nous aider à grandir.

L'auteur Frans Johansson a écrit :

> Des innovateurs révolutionnaires... produisent un tas d'idées qui n'aboutissent jamais à rien. Aujourd'hui, nous jouons seulement 35 pour cent environ, des compositions de Mozart, de Bach, ou de Beethoven. Nous voyons seulement une fraction des œuvres de Picasso et la plupart des papiers d'Einstein n'ont jamais été référés par personne. Beaucoup d'auteurs célèbres du monde ont aussi produit des livres horribles,[1] les directeurs de film innovateurs ont fait des films vraiment ratés et non créatifs. Les entrepreneurs, qui ont vraiment réussis, ont déçu des investisseurs et les pionniers scientifiques ont publié des rapports sans aucun impact sur leurs collègues… la meilleure façon de vaincre l'adversité, est de continuellement produire.

« La meilleure façon de vaincre l'adversité, est de continuellement produire.» —Frans Johansson

N'importe quelle vie vécue sera continuellement accompagnée d'une litanie d'échecs, d'erreurs, d'embarras et d'humiliations. Si nous ne sommes pas assez mûrs pour utiliser ces points faibles

1 Je sais ce que vous pensez.

comme des tremplins, ils ne trouveront pas leur chemin dans notre héritage et seront ainsi, renversés comme des pertes. Dans de tels cas, nous avons senti la douleur, mais n'avons pas saisi l'occasion.

Ne gaspillez jamais un échec. Essorez toutes les expériences et les apprentissages qu'il vous est possible afin de revenir plus fort et encore mieux la prochaine fois. Peu importe, continuez à produire.

Le temps

En ce qui concernait les empereurs, Rome n'en avait pas énormément des bons. Bien que sa statue, dans la Place de Campidoglio, le présente comme ayant une grande tête et de gros yeux enflés, Marcus Aurelius était considéré pour être un des meilleurs leaders de Rome. Aussi un philosophe, Aurelius, a écrit de façon mémorable : « ne vivez pas comme si vous aviez mille ans. »

Combien de clichés existe-t-il au sujet de la fragilité du temps ? Comment avons-nous souvent entendu de ne pas le gaspiller ? Apparemment, de telles remontrances retournent au moins jusqu'à l'Empire romain. Aussi, je suis certain que nous pourrions sortir quelques proverbes du dernier millénaire et je ne serais pas étonné si les anciens Égyptiens avaient quelque chose à dire à ce sujet des siècles avant cela.

Le temps peut être notre dernière ressource la moins renouvelable. Nous savons tout ceci de manière innée, mais notre prise de conscience de son passage ne semble pas avoir un grand effet dans la manière que nous l'utilisons économiquement. Nous laissons les minutes s'écouler en heures, des heures en jours, des jours en semaines et ainsi de suite jusqu'à ce que nous ne puissions pas croire combien de temps s'est écoulé et nous en tirerons fort peu de bénéfices.

Avez-vous déjà connu quelqu'un qui semble entièrement inconscient du temps qui passe ? Ils se déplacent lentement, ne suivent aucun horaire et semblent n'éprouver aucune pression à se servir des sables, coulant sans relâche dans le sablier.

Par opposition, comparez ces personnes avec leurs opposés : les personnes frénétiques et pressées. Connaissez-vous certains d'entre eux aussi ? Ils semblent ne jamais être à l'aise, sont toujours à la pressé et n'ont pas le temps pour personne. Ils sont à la merci constante d'un horaire serré. Cela me rappelle le lapin dans *Alice au pays des merveilles,* qui était toujours « en retard pour un rendez-vous très important ! »

Si nous allons accomplir quoi que ce soit digne d'intérêt dans la vie, nous devons faire bon usage de notre temps. Cela signifie que nous ne pouvons pas nous comporter comme ceux qui sont inconscients de son passage, mais il signifie aussi que nous ne devrions pas être obsédés au point d'être frénétiques. C'est là en effet, un équilibre difficile à trouver.

Dans son livre *The Writing Life (La Vie de l'écriture)*, l'auteure Annie Dillard, a fait une déclaration profonde : « qui appellerait un jour passé à lire une bonne journée ? Par contre, une vie consacrée à la lecture — c'est une bonne vie. » J'ai dû bien réfléchir à cette phrase un peu après l'avoir lue. Au début, je n'étais pas certain d'avoir compris ce qu'elle signifiait. Puis, une fois que j'ai cru que je l'avais comprise, je ne pouvais m'arrêter d'y penser de temps en temps pendant les semaines suivantes. Voici ce que j'ai appris d'elle : personne ne peut lire toute la journée tous les jours ; ce serait beaucoup trop taxant et fastidieux. Mais les avantages cumulés d'une habitude de lire au moins *un peu* chaque jour, peut ajouter à une vie entière d'apprentissage et le plaisir qu'elle apporte.

Ce principe peut être extrapolé dans une application plus large. Nous ne pouvons aller aux extrêmes et courir après chaque petite seconde, de chaque minute, de chaque heure, de chaque jour. Cela nous conduirait tous, à la folie et à une manière terrible de vivre. Toutefois, nous devons toujours garder à l'esprit l'ensemble du temps qui nous est donné et le guider constamment dans la bonne direction. Si nous passons assez de temps, sur assez de jours à faire assez d'activités, de manière constante dans la direction de nos plus grands objectifs, l'accumulation de ce travail donnera des résultats étonnants sur le cours de toute notre vie. C'est la clé pour faire le meilleur usage possible de son temps sans devenir frénétique et pressé.

Peut-être que je peux rendre ce concept plus clair avec une illustration de l'époque où je faisais de la course de moto. À un moment donné, dans cette période de folies d'adolescent aux cheveux longs, on m'a enseigné que les meilleurs motocyclismes sont ceux qui regardent plus loin sur la piste. Les amateurs se concentrent directement en avant de la motocyclette, en prenant chaque obstacle un par un, d'une manière un peu comme le premier arrivé le premier servi. Par contre, les vrais professionnels regardent au loin sur la piste, ne s'inquiétant pas des prochains obstacles, mais plutôt fixant leur esprit sur les sections du sentier à venir.

J'ai essayé pendant un certain temps et j'ai trouvé les résultats stupéfiants. Lorsque je le faisais correctement, j'étais beaucoup plus rapide. Mais c'était difficile à maîtriser, et je continuais à glisser dans la vieille habitude de me concentrer trop étroitement sur le prochain obstacle. Finalement, j'ai appris à regarder de plus en plus loin sur la piste, réalisant que je pouvais plus facilement manipuler tous les trous et les ravins si je maintenais un plus grand champ de vision.

Nous le savons tous que nous ne devrions pas perdre notre temps, mais nous ne pouvons pas (et ne voulons pas) en faire meilleur usage en gérant chaque petite seconde et en ayant une fixation sur l'efficacité. Pour y arriver, ce serait comme ne pas regarder plus loin que le bord de notre pare-chocs avant. Au lieu de cela, nous avons besoin de garder à l'esprit, une perspective à long terme de ce que nous voulons réellement, vraiment accomplir dans l'ensemble, ayant confiance qu'en le faisant nous effectuons les bonnes manœuvres à court terme.

La dissipation

Afin d'atteindre l'objectif d'une meilleure utilisation de notre temps, ceci signifie généralement d'appliquer une plus grande concentration et permettre moins de distraction. Cela signifie aussi, sans doute, de dire non à une foule de *bonnes* choses en cours de route de sorte que nous pouvons plus systématiquement mettre l'accent sur l'une ou deux *grandes* choses.

À certains égards, il est étrange que l'artiste de la Renaissance Leonardo da Vinci, soit tellement vénéré aujourd'hui. Aucune de ses œuvres sculptées n'a survécu et seulement une quinzaine de ses peintures sont connues. Bien qu'il ait beaucoup écrit au sujet de l'architecture, aucun bâtiment n'est crédité à son nom. Les scientistes impartiales ont longtemps débattu l'originalité de ses nombreuses inventions, trouvée seulement dans son carnet à croquis. Il existe peu de preuves qu'il n'a jamais vraiment construit ou essayé aucune de ces idées.

Pourtant, Leonardo est proclamé comme un génie universel, l'idéal de la Renaissance dans laquelle les artistes étaient non seulement compétents, mais devraient être maîtres dans plusieurs domaines. Il est enveloppé de mystères et de mythes, par des films et des livres, étant écrit au sujet de ses sensationnels codes secrets, les messages espiègles et l'écriture secrète (qui était en fait juste à l'envers).

Toutefois, comme avec la plupart des héros postmodernes, un examen plus minutieux révèle un homme de moindre envergure. Bien qu'il soit sans doute prodigieusement talentueux, Leonardo souffrait de ce que l'historien de l'art Kenneth Clark appela sa

« grande procrastination constitutionnelle ». L'un de ses patrons, le pape Léon X dit : « Hélas ! Cet homme ne fera jamais rien ! » Leonardo souvent acceptait des commissions pour des œuvres qu'il n'a jamais terminées et dans de nombreux cas, même jamais commencées. Les peintures de ce que nous connaissons, comme la *Mona Lisa*, ont été travaillées d'une façon intermittente pendant des années et la plupart des experts conviennent que l'art lui-même montre les faiblesses d'une telle mythologie nonchalante. Peut-être les auteurs d'Epiro et Pinkowish ont mieux posé la question : « Pourquoi l'homme, qui est sans doute le plus grand peintre qui a jamais vécu, dissipe-t-il ses énergies, souvent avec insouciance et ce aussi dans d'autres domaines ? »

On ne peut nier le fait que Leonardo da Vinci était un homme extrêmement doué, l'un des géants de la Renaissance. La question qui porte le plus de sens pour nous, en ce qui concerne nos propres cheminements d'accomplissements de vie, est : Pourquoi si peu de production ? Je me suis souvenu de la citation de Stephen King concernant l'auteur du livre *Autant en emporte le vent* : « Pourquoi n'a-t-elle jamais écrit un autre livre ? »

Le succès est le produit de plusieurs éléments, dont l'un des plus importants est la concentration. Nous pouvons faire beaucoup de choses dans notre vie, mais nous ne pouvons pas tout faire. Nous pouvons avoir des intérêts variés et dans une certaine mesure, cela est bon et sain, mais nous ne devrions pas dissiper nos nombreux talents sur plusieurs initiatives. Si les dons comme ceux de Leonardo sont gaspillés en peignant trop large, alors qu'arrive-t-il à ceux d'entre nous qui sont moins bien dotés ? Leonardo a lui-même écrit : « Comment un royaume, divisé contre lui-même, ne peut subsister, alors que chaque esprit divisé entre différentes études est confus et affaibli. »

J'irais même jusqu'à dire que le moins doué nous sommes, le plus concentré nous devons devenir. Même les moins doués peuvent atteindre des réalisations grandioses s'ils s'appliquent eux-mêmes avec énergie, constamment et en se concentrant suffisamment sur une longue période. En fait, il semblerait que souvent, les plus grandes réalisations sont attitrées à ceux qui ne sont pas vraiment doués, mais retiennent seulement cette dernière parcelle de talent : la capacité à se concentrer intensément et sur le long terme.

le moins doué nous sommes, le plus concentré nous devons devenir.

Malheureusement, nous ne saurons jamais quelles merveilles de chefs-d'œuvre, Leonardo aurait pu produire au grand plaisir du monde. Il a passé trop de temps ailleurs, sur d'autres domaines que sur ses dons les plus forts. C'est certain que dans plusieurs cas, il était encore mieux dans ces domaines que la majorité d'entre nous, cela n'empêche que la perte continue à faire mal. L'un est laissé à en vouloir toujours plus, mais le temps répond cruellement « trop tard. » Ceci nous amène aux plus tristes considérations du gaspillage des dons de la vie : qu'est-ce qui aurait pu se produire ? Leonardo a lui-même écrit vers la fin de sa vie : « *Di mi se mai fu fatta alcuna cosa* [Dis-moi si quelque chose n'a jamais été fait]. »

Hélas, il n'y a peut-être pas assez de temps pour *tout*, mais il y en a assez pour la *bonne chose*. Avec une bonne dose de concentration et une vision à long terme constante, soutenue par une action quotidienne vers cette vision, il y aura suffisamment de temps pour ce que nous avons à accomplir.

Les regrets

« Si seulement j'avais acheté cette propriété, en bord du lac dans ce temps-là ! » « Si seulement je lui avais demandé de m'épouser avant qu'il ne soit trop tard. » « Si seulement j'avais essayé plus fort à l'école. » « Si seulement j'avais été un peu plus sérieux quand j'étais plus jeune. » Les regrets et les « j'aurais dont dû, pu, voulu, » font partie de la vie pour nous tous. Nous avons tous raté des occasions, manqué des chances, et en quelque sorte gaspillé des moments importants. L'objectif, bien entendu, est évidemment de les réduire au minimum tout en trouvant un moyen de ne pas se lamenter sans cesse des chances qui se sont écoulées. Après tout, il ne fait aucun bien de continuer à fouiller dans le passé et de ruminer ce que nous *aurions dû* faire. Nous pouvons apprendre de nos fautes, mais nous ne devrions jamais nous laisser démoraliser par elles.

Dans l'introduction, nous avons examiné « les cinq principaux regrets du mourant » :

1. Je regrette de ne pas avoir eu le courage de vivre une vie fidèle à moi-même, et non la vie qu'on attendait de moi.
2. Je regrette d'avoir travaillé si fort.
3. Je regrette de ne pas avoir eu le courage d'exprimer mes sentiments.
4. Je regrette de ne pas être resté en contact avec mes amis.
5. Je regrette de ne pas m'être permis d'être plus heureux.

Nous espérons que le lecteur remarquera que nous avons adressé ces phrases partout dans le livre. En général, la façon d'éviter ces regrets est d'utiliser la construction de la ziggourat pour déterminer la direction appropriée pour votre vie. Restez ouvert pour découvrir votre vocation, votre raison de vivre, maintenez le cap, peu importe ce que d'autres peuvent dire et au fil du temps, trouvez votre authentique « Margaritaville » et jouez-la avec tout ce que vous avez.

Comme le suggère cette liste, tout au long de votre vie, les gens essayeront de vous faire vivre de la façon qu'*ils* jugent bonne. Beaucoup d'entre eux sont bien intentionnés et se soucient vraiment de vous, tandis que d'autres, bien sûr, ne le sont pas. Parfois, il est difficile de distinguer un groupe de l'autre.[2] En fin de compte, vous devez vivre votre propre vie. Vous devez répondre à cet appel que vous sentez au plus profond de vous et faire ce que vous seul avez été conçut pour faire.

Il a été dit qu'une route vers la tristesse c'est d'essayer de plaire à tout le monde. Au lieu de cela, nous devrions essayer de plaire à Dieu d'abord et nous constaterons alors que seulement de cette manière, nous pouvons être heureux avec nous-mêmes.

En outre, nous regrettons seulement le travail acharné quand il n'a aucun sens. C'est pourquoi il est si important d'aligner nos vies avec ce que nous sentons que nous devons véritablement contribuer en lien avec nos passions. Quand nous travaillons, en nous conformant avec nos passions et en poursuivant de notre plus grand appel que nous détectons de nos vies (rappelez-vous votre diagramme de ziggourat et la direction qu'elle vous offre pour vos efforts), nous perdons le sentiment que c'est du gaspillage et nous commençons à sentir que c'est un privilège. Nous nous sommes rendu compte que tout ce qui nous a été donné — nos ressources, notre santé, nos aptitudes, notre temps — fait partie de la matière première que nous sommes apportés à utiliser pour façonner notre héritage. C'est à ce moment-là que nous constatons que nos privilèges ne sont pas pour notre plaisir, mais pour notre objectif.

> Nos privilèges ne sont pas pour notre plaisir, mais pour notre objectif.

Sachez ceci : sans exception, notre objectif impliquera d'autres personnes. Nos passions, nos désirs, nos ambitions et, finalement, notre héritage tourneront autour de comment nous avons bien servi les autres avec les jours et les ressources de nos vies. Voilà pourquoi il est inutile de s'orienter sur les tâches au détri-

2 Surtout quand il s'agit de vos beaux-parents.

ment de nos relations. La majorité de nos plus grandes réalisations dans la vie passeront à travers les relations. Ceci devrait être notre plus haute priorité. Être des bons conjoints, parents, grands-parents, frères ou sœurs, oncles ou tantes, amis ou mentors devraient faire partie de chacune et de toute concentration de nos vies.

Aucun plan pour laisser un héritage ne devrait froisser les gens ou profiter d'eux en aucune façon. Bien au contraire, la direction, la contribution et l'héritage de notre vie doivent être avec, pour et au sujet des gens. Oubliez cette simple vérité et soyez prêt à subir les regrets les plus profonds imaginables. Souvenez-vous de cela et vous pouvez être assuré que votre vie n'aura pas été gaspillée, que la totalité de votre potentiel n'aura pas été perdue dans le déversement et que oui, vous avez accompli quelque chose parce que peu importe où vous avez échoué, vous avez au moins réussi à apporter de l'importance à quelqu'un.

Notez qu'on ne peut avoir plus important que ça.

– 10 –
Un chef-d'œuvre

La Deuxième Guerre mondiale fut la période la plus destructive d'activités humaines collectives de l'histoire enregistrée. Des dizaines de millions de personnes ont été tuées et blessées tandis que d'innombrables millions d'autres sont restés sans-abri et pauvre. La destruction de la vie, de la propriété, des nations, des villes et des cultures ont été écrasantes, une tragédie internationale qui sera toujours un fléau sur le vingtième siècle et ses philosophies d'humanisme et la présumée capacité de l'humanité de se perfectionner.

Au milieu de cette catastrophe continue, coincée directement sous la ligne de mire reposait une grande quantité de l'art du monde. Ces peintures, ces sculptures, ces statuts et ces immeubles de tous les âges étaient extrêmement vulnérables à l'explosion des bombes, à l'exposition des éléments, au vol, au vandalisme, au maraudage et à des troupes cantonnées. Des chefs-d'œuvre qui pendant leurs créations avaient consommé les vies d'individus les plus talentueux de l'humanité qui étaient impuissants contre l'attaque des armées sillonnant l'Europe.

C'est en Italie que l'on s'inquiétait le plus. Italie abrite plus d'un quartier de l'art le plus révéré du monde, elle est devenue un théâtre incandescent d'action pendant que les forces alliées se sont frayées un chemin en haut de la péninsule du sud. Les armées allemandes ont creusé avec ardeur pour défendre rapidement ce qui est devenu le point vulnérable de l'Europe et la troisième (et ensuite le quatrième) bataille ouverte dans la guerre. Les citoyens italiens s'étaient déjà rendus aux alliés au moment où ils ont atterri dans Salerno, se sont en grande partie retournés contre leurs chefs suprêmes allemands. La bande de soldats italiens de résistance a erré dans le terrain se battant avec une guérilla contre les Allemands. Pris dans le chaos et la destruction de cet art précieux, sans prix et irremplaçable.

Incroyablement, tous les gouvernements impliqués ont pris des mesures pour préserver et protéger au moins certains de ces artefacts. Les troupes américaine et anglaise ont créé des officiers de monuments, un groupe de professeurs d'art et d'experts dont leur travail consistait à suivre l'avancement des armées et à faire ce qu'ils pourraient pour sauver ou protéger l'art et l'architecture qui étaient en positions périlleuses.[1] Ils ont été aussi impliqués dans les séances d'informations pour les attentats à la bombe afin d'aider à fournir l'information requise pour déterminer quels endroits étaient « sécuritaires » à bombarder. De leur côté, les nazis avaient des généraux hauts gradés qui, par leurs actions, semblaient aussi indiquer leur préoccupation légitime pour protéger ces trésors. Adolf Hitler lui-même avait des milliers des chefs-d'œuvre entreposés dans les confins de mines de sel d'Austrias Altaussee.[2] Les Italiens étaient aussi extrêmement actifs à essayer de préserver leur héritage (et celui du monde entier). Des dizaines de milliers de pièces ont été déplacées dans des villas de campagne pour les cacher. Cependant, quand la guerre en Italie s'est développée de bombardements à une guerre sur le terrain, la

1 Pendant que ce livre va à l'impression, il y a un film d'Hollywood qui se prépare sur ce même sujet!

2 Bien sûr, beaucoup de gens diraient que les nazis ont été impliqués dans le vol systématique de ces trésors et les protégeaient seulement pour eux. Le chef de ceux qui ont été accusés de telle traitrise, même par d'autres officiers allemands, était Herman Göring et sa célèbre division Göring.

plupart des arts ont alors été déplacés sous la protection neutre du Vatican à Rome.

Selon Robert M. Edsel :

> Après l'évacuation des objets d'art mobile, les autorités sont allées travailler pour protéger les œuvres permanentes. Les officiels ont enveloppé la sculpture de huit pieds de Michelangelo, la *Moïse*… dans des tissus protecteurs et ensuite l'enseveli sous de la brique. L'arche de Constantin — une arche triple mesurant presque soixante-dix pieds de haut et quatre-vingt-quatre pieds de large — a été emballée en utilisant des sacs de sable et de l'échafaudage. L'autorité romaine a même emballé la colonne Trajane dans la brique.

Des méthodes similaires ont été employées pour protéger la statue de Michelangelo, le *David* et de plusieurs sculptures fixes dans les galeries d'Uffizi à Florence. Échafaudage, sac de sable et bâches tout ce qui se tenait entre *La Cène* de Leonardo da Vinci et la destruction totale pendant qu'une bombe alliée a anéanti le reste de l'église Santa Maria delle Grazie de Milan. Incroyablement, le seul mur du réfectoire qui resta debout était celui soutenant la peinture célèbre de Leonardo !

Le Capitaine Deane Keller, homme de monuments pour les Américains de la Cinquième Armée, dit que les Italiens n'avaient jamais questionné sa présence ou sa mission. Au lieu, ils l'acclamaient. Selon Edsel :

> Il y avait toujours quelqu'un bien informé et passionné au sujet de l'histoire de la ville et de son héritage artistique. Lorsque [Keller] ramassa de derrière sa Jeep un panneau indiquant ACCÈS INTERDIT, un groupe de citadin se réunirent hochant la tête et souriant pendant

qu'il le clouait sur le mur d'un bâtiment. Les citoyens des villes et des villages libérés ont apprécié son effort.

La beauté peut être tellement attrayante précisément parce qu'elle est si fragile.

Comment se fait-il que les personnes soient capables de destruction vicieuse et tabou tandis que, au même moment, elles peuvent être concernées à préserver quelque chose d'aussi grandiose qu'une œuvre d'art ? Le contraste me fait penser à une belle fleur poussant à travers la boue et le sang d'un champ de bataille. La beauté peut être tellement attrayante précisément parce qu'elle est si fragile. Dans son impuissance, il nous rappelle doucement de ce qu'Abraham Lincoln a appelé « les meilleurs anges de notre nature. »

Plus loin, nous pouvons voir que pendant cette guerre horrible, nous pouvons quand même tenir en haute estime d'incroyables chefs d'œuvre que d'autres ont produites. Peu importe à quel point les gens peuvent devenir affreux, peu importe le désordre que nous mettons, tout au fond de nous, nous savons tout de même reconnaître la beauté et les meilleurs d'entre nous la reconnaisse, la chérisse et s'efforcent de la protéger quand nous la voyons.

Si nous respectons le travail des mains humaines dans un tel degré, il y a certainement infiniment plus de valeur dans la vie elle-même qui est capable de produire une telle beauté. Ce qui nous mène au point de ce chapitre : Notre vie et notre héritage nous aspirent à être un œuvre d'art. Nous devons approcher de notre vie comme si c'était des grandes œuvres de l'art. Nous devrions avancer sur la pointe des pieds précautionneusement, observer comment elles apparaissent sous différentes lumières et les considérer sous tous ses angles avant d'étendre nos mains pour avancer vers l'accomplissement de ce que nous ne tenons que dans notre imagination.

Il y a plusieurs raisons que ceci doit être ainsi.

Les autres regardent

À peine vingt ans après la tragédie de la Deuxième Guerre mondiale, l'art italien était encore menacé, incroyablement, une grande partie était encore une fois en péril. En novembre 1966, après plusieurs jours de grande pluie, deux barrages du système de la rivière Arno ont cédé, déchargeant plus de deux mille mètres cubes d'eau chaque seconde. Chaque petite goutte de ce torrent tumultueux se dirigeait vers Florence. Si les maisons d'Italie ont plus d'un quart de l'art historique du monde, donc on peut dire que la Florence en loge facilement la moitié.

Peu pouvaient être faits pour aider à sauvegarder plusieurs des trésors d'art, des manuscrits antiques et d'autres artefacts de la Florence. L'eau de la crue est venue trop vite et a monté trop haut. En proportion humaine, l'inondation était une tragédie, prenant plusieurs vies. En termes d'art, des millions d'œuvres d'art ont été détruits. Aucun prix ne pourrait être placé à un tel dommage.

Cimabue était un incroyable artiste transitionnel entre la fin gothique et le début de la Renaissance. Son crucifix en fresque de quatorze pieds de haut, une peinture qu'il a faite dans du plâtre humide fixé au tableau de bois en forme de la croix du christ, qui a été appelé « la première page de l'art italien ». Peint en 1288 après Jésus Christ et accroché au-dessus de l'autel de la Basilique Di Santa Croce, il a été déplacé en 1566 vers le réfectoire de l'église et accroché en bas sur le mur. Il est resté dans cette position quand l'inondation de 1966 a atteint presque vingt pieds.

Ugo Procacci, le conservateur de la galerie d'art Uffizi et aussi l'homme responsable de la plus grande partie de l'art en Florence, est arrivé avec une petite équipe d'assistants, peu de temps après, les eaux ont baissé. La scène était traumatisante. Plusieurs pouces de boue recouvraient le plancher et les meubles de la basilique. Le pire, c'est le crucifix de Cimabue qui était horriblement endommagé par l'eau. Des mares de peinture de la fresque ont scintillé dans un million de ravages causés par la boue sur le plancher. Le bois de la croix était saturé et gonflé. À ce moment, Procacci ne pouvait en prendre plus. Dans un moment rare de faiblesse, il s'est écroulé et a commencé à pleurer. L'un des accompagnateurs présents pour inspecter les dégâts avec lui était étonné et a dit d'un air impuissant : « Si *vous* êtes en train de pleurer, que devons-*nous* faire ? »

L'une des plus grandes raisons de faire de votre vie un chef d'œuvre est que, comme l'assistant d'art dans la Basilique di Santa Croce ce matin-là, d'autres regardent. Et souvent, ils surveillent comment vous vous comportez et réagissez dans les moments les plus difficiles.

Que vous l'aimiez ou pas, nous sommes tout le leader de quelqu'un d'autre. Nous ne pouvons simplement pas passer à travers la vie sans devenir un exemple (bon ou mauvais) pour les autres. Tôt ou tard et à plusieurs moments dans notre vie, nous serons appelés à guider. La seule question est de savoir si nous serons prêts. Nous avons déjà discuté que l'une des principales responsabilités de notre vie est de servir les autres. Alors, c'est souvent ainsi que ça se passe — en donnant l'exemple.

Que vous l'aimiez ou pas, nous sommes tout le leader de quelqu'un d'autre.

L'art est une parfaite métaphore pour la manière dont nous devons construire nos vies parce que l'art est contemplé en le regardant. La plupart des arts n'impliquent pas les autres sens (à l'exception de la musique, qui peut être comparée aux mots que nous disons), il implique l'observation. Nos vies iront de la même manière. Les gens peuvent écouter ce que nous disons, mais ils mettent beaucoup plus d'importance dans ce qu'ils observent que dans ce que nous faisons réellement.

L'effet Brasini

Nous allons rester en Italie en considérant un fantastique petit morceau de fiction que je lisais tantôt. Dans son livre à succès, *Cet été en Sicile (That Summer in Sicili)*, l'auteur Marlena de Blasi raconte l'histoire d'une fillette de neuf ans vendue à un prince riche par son père marchand qui était aux prises avec des problèmes financiers. Le père était insensible et cruel et rejeta à plusieurs reprises l'amour de la petite fille et ses tentatives pour retourner à son foyer familial.

Une fois que la fille fut grande et qu'elle fut à son tour devenue une femme dans la maison du prince, elle lui posa des questions sur sa situation. Le prince l'assura qu'il n'avait que les meilleures intentions envers elle et il lui pose une question à son tour. Il lui demanda comment elle avait réussi à ressortir de cet abandon blessant de son père, sans devenir amère. Elle a répondu en reliant une expérience qu'elle avait vécue au marché du village un matin il y a de nombreuses années.

> « Je n'ai jamais oublié la façon dont Signor Brasini s'est tout simplement arrêté et il s'est tourné vers sa femme, prenant ses grosses mains d'agriculteur, caressant son visage, en la tirant près de lui et l'embrassant comme dans les films. Il l'a embrassée pendant un long moment, puis la regarda en souriant... Et quand j'ai vu tout cela, je savais que leur façon serait aussi la mienne. Leur façon, pas la façon de mon père, — c'était de cette manière dont je voulais vivre ma vie. Je savais qu'un jour je serais aimé par un homme comme Brasini... *J'ai compris comment*

les choses fonctionnent et comment elles ne marchaient pas. »

La jeune fille a trouvé le trésor inestimable d'un bon exemple. Toute sa vie jusqu'à ce point avait été froide et pleine d'amertume. Elle avait été maltraitée et négligée. Pourtant, dès qu'elle a vu un exemple de ce qui *pourrait* être, en effet quel *devrait* être, elle a été transformée à jamais. Elle avait vu comment les choses fonctionnent et comment elles n'avaient pas besoin d'être.

La puissance d'un bon exemple. C'est ce qui arrive lorsque nous nous concentrons sur notre vie comme un chef-d'œuvre : elle permet et encourage les *autres* à faire de même.

Une phrase

George Washington a remporté la guerre révolutionnaire. Abraham Lincoln a libéré les esclaves. Billy Graham a prêché l'Évangile. Martin Luther King Jr. a lutté pour les droits civils. Roger Stauback a joué comme quart-arrière. Evel Knievel a sauté des motocyclettes. Bill Cosby fait de la comédie familiale. Pat Sajak anime les jeux télévisés. Henry Ford a lancé l'industrie de l'automobile. Thomas Edison a inventé l'ampoule. Gandhi paisiblement libéra l'Inde. Nelson Mandela a amiablement surmonté la ségrégation. Lech Walesa a fondé la Solidarité en Pologne. Mère Teresa a servi les orphelins et les mourants à Calcutta. Phillis Diller a fait des comédies. Aretha Franklin, c'est la reine de Soul (L'Âme). Louis Armstrong a introduit l'âge du jazz. Lewis et Clark ont exploré l'Ouest. Custer a été massacré à sa « dernière bataille ».

> **« Un grand homme est une phrase. »**
> **—Clare Boothe Luce**

Cette liste entièrement aléatoire des gens célèbres, morts et contemporains illustre une perception profonde. Clare Boothe Luce, la première femme américaine à devenir une grande ambassadrice à l'étranger[3] pour les États-Unis, a également été une auteure accomplie. Un jour, elle a dit à John F Kennedy l'une des déclarations les plus visionnaires que quiconque est déterminé à vivre une vie avec sens pourrait entendre : « Un grand homme est une phrase. »

Ce qu'elle voulait dire, c'est que les réalisations et l'héritage du plus grand peuple peuvent se résumer en une seule phrase. Chacune des personnes énumérées dans le paragraphe ci-dessus peut avoir tout le travail de leur vie résumé en seulement une seule phrase. Je n'ai pas trouvé ces phrases moi-même. J'ai joué un petit jeu avec beaucoup de gens différents et leur ai dit de répondre avec une phrase pour décrire chacune des personnes sur la liste. Ce qui en est sorti est une liste de réponses étonnamment similaires. Dans certains cas, vous pourrez noter que les réponses ne sont pas très exactes. Néanmoins, c'est de cette façon que l'histoire est arrivée à catégoriser ce que chaque personne faisait, défendait, apportait, ou accomplissait.

Lorsqu'il s'agit de laisser un héritage, il pourrait vous être très utile de penser à cette idée et de trouver une seule phrase pour résumer *votre* vie. Si vous perdiez la vie aujourd'hui, qu'est-ce que vous pensez que la phrase serait ? Qu'est-ce que vous *aimeriez* qu'elle soit ? Est-ce la même chose ? Est-il trop tôt pour le dire ? Peut-être disposez-vous d'une seule phrase dont vous *aimeriez* qu'elle soit dite de vous et de votre contribution à la vie. Si oui, est-ce que cela s'aligne avec votre chemin actuel et vos actions ? Sinon, quels changements avez-vous besoin de faire pour que les choses se dirigent dans cette direction ?

D'ailleurs, comme nous l'avons dit plus tôt, presque tout le monde désire avoir une phrase comme les suivantes « Elle a été une bonne mère », « Il a été un bon père », « Il était un bon

3 Pour l'Italie et le Brésil

mari », etc. Ces phrases sont monumentalement (excusez le jeu de mots) importantes, mais ayant une phrase au-delà de cela, quelque chose de plus grand, quelque chose de plus, n'est pas une mauvaise chose. Accomplir quelque chose d'autre de significatif n'a pas besoin d'être au détriment de devenir un merveilleux membre de la famille. Je dis cela parce que beaucoup de gens ne trouvent que des résumés familiaux, et c'est bien tant qu'il ne devienne pas une excuse pour ne pas aller plus loin dans la vie. Qui sait pourquoi vous avez été conçu et ce que vous avez à faire sauf vous et votre Créateur ? C'est à vous de le découvrir et de le décider, et vous pourrez être surpris !

Retournons à Gandalf

Ce livre a été écrit pour répondre à l'énigme posée par Gandalf dans le film *Le Seigneur des Anneaux : la communauté de l'anneau.* Vous en souvenez-vous ? « Tout ce que nous avons à décider est de savoir quoi faire avec le temps qui nous est donné. » Rendu à ce moment, j'espère que vous avez développé au moins une compréhension de base sur la façon de prendre une décision aussi importante et, en plus, comment l'appliquer dans votre vie.

Socrate a dit une fois : « La vie non examinée n'est pas digne d'être vécue ». Guy Kawasaki a ensuite pris un pas de plus, en écrivant : « La vie non examinée ne vaut pas la peine d'être vécue, mais la vie non vécue ne vaut pas la peine d'être examinée. »

Un jour, mon ami Tony Tefel m'a envoyé un texte créatif, une parodie sur une prière d'une garderie dont nous avons tous entendu. Il est simple, mais superbe. Je l'ai sauvegardé sur mon téléphone uniquement pour ce moment. Il se lit comme ceci :

> Maintenant, je me couche pour dormir,
> je prie le Seigneur, qu'il garde mon âme,

si je devais mourir, avant que j'aie vécu,
je prie l'Éternel, pardon pour mon péché.

Au fond, la façon de répondre à la question de Grandalf est en posant une autre :

Dans vingt ans à partir de maintenant, qu'est-ce que vous souhaiteriez avoir fait aujourd'hui ?

Si vous réalisez ce vœu sur une base régulière, vous serez sur le chemin de bâtir votre vie comme un monument.

Faites-en un chef-d'œuvre.

ÉPILOGUE

Ce livre a été intentionnellement voulu bref. À beaucoup de points pendant sa construction, j'avais de la difficulté de m'arrêter de continuer à étoffer les concepts. Ceci, aussi tentant que cela puisse être, aurait violé l'esprit du livre comme un guide accessible, bref et, je souhaite, agréable aidant à vivre une vie qui en vaut la peine..

La catégorie où la lutte de la brièveté a été la plus prononcée est dans le grand sujet de rechercher la volonté de Dieu. Après tout, comment pourrai-je écrire un livre de la réalisation du potentiel et le départ d'un héritage sans répondre à la question qui afflige tant de chrétiens, à savoir : qu'est-ce que Dieu vous ferait-il faire ?

D'abord, je n'ai pas laissé à l'écart la considération de la volonté de Dieu. Plusieurs fois, j'ai essayé de relever le point que vos décisions devraient être basées sur la prière et la fidélité à l'appel que Dieu a pour votre vie et par son don à vous. Toute la question de la construction de la ziggourat était de vous diriger vers le haut, vers votre plus grande vocation. En fin de compte, ceci vient de Dieu.

Deuxièmement, en plus, je n'ai pas permis au flux de pensée de s'embourber dans des interprétations théologiques largement variantes, parmi différents camps Chrétiens, pour justifier ce que signifie rechercher et agir selon la volonté de Dieu.

La plus grande partie de la volonté de Dieu pour nous est incontestablement claire dans les pages des saintes Écritures. Comme Mark Twain a raillé : « Ce n'est pas les parties de la Bible dont je ne comprends pas qui me dérange ! » Dieu veut que nous soyons sauvés, remplis avec l'Esprit, sanctifié (saint), dociles à

Son autorité et de souffrir si nécessaire pour Son grand bien. Ceci n'est pas ma liste ; elle provient du merveilleux petit livre de l'auteur John MacArthur J'ai trouvé l*a volonté de Dieu (Found: God's Will).* Je recommanderais[1] fortement que n'importe quel chrétien sincère lise ce livre. Un autre petit travail fabuleux sur le sujet est *Just Do Something (Faites tout simplement quelque chose)* par Kevin DeYoung. Rassembler ces deux simples, mais puissants livres ensemble vous apportera beaucoup de clarté et de paix à découvrir et à suivre la volonté de Dieu dans votre vie. Ils sauront aussi (j'espère) s'ajuster parfaitement avec ce que j'ai écrit dans ces pages. En fait, ce livre et ses instructions ont été destinés pour reprendre à l'endroit où ces deux livres s'arrêtent. Ce que j'entends par ceci est une fois qu'un chrétien a compris la vue d'ensemble de la volonté de Dieu pour sa vie, comment comprend-il les détails ? C'est mon espoir le plus sincère que ce livre vous ait fourni une réponse utile.

1 Et je veux vraiment dire fortement.

LES REMERCIEMENTS

Chaque livre est un effort d'équipe, peu importe le nom qui apparaît sur le couvercle. Ma femme, une auteure à grand succès, Terri Brady, mérite notre reconnaissance pour non seulement me permettre les mini-congés sabbatiques nécessaires à la recherche et pour écrire ce livre, mais pour le rôle héroïque qu'elle joue dans le partage d'une vie aventureuse. Merci aussi à mes enfants Casey, Nathaniel, Christine, et J.R. pour leur patience et leur attention à de nombreux dîners-conférences, et surtout, Casey et Nathaniel de me permettre d'utiliser leur terrain de soccer comme un exemple dans le chapitre 4.

Merci aussi à mes parents Jim et Gayle Brady, et surtout ma mère pour fournir l'illustration de sa carrière professionnelle dans le chapitre 1. Merci à mon ami, le Dr Doug Bookman pour la citation qui figure dans le chapitre 6 et à mon ami Tony Tefel pour le poème qui a fait une si grande et belle fin à ce livre.

Un merci spécial va à Orrin et Laurie Woodward. Norm Williams, avec qui je travaille depuis maintenant près de 15 ans, continue de faire un travail de classe mondiale avec la conception graphique et il mérite mes remerciements pour la conception de la jaquette du livre. Merci également à Oliver DeMille pour son aide à réviser tôt la lecture du manuscrit. Je tiens également à remercier mon assistant personnel, Doug Huber, qui aplanit ma vie sur une base quotidienne. Enfin, mais surtout, je souhaite rendre hommage à mon Seigneur et mon Sauveur, Jésus Christ. Puisse ma vie être une ziggourat qui se pointe vers Lui.

CHRIS BRADY

Chris Brady est un auteur à succès du New York Times, conférencier, humoriste et homme d'affaires. Ses livres comprennent Lancer une révolution en Leadership (co-écrit avec Orrin Woodward), Les Seaux, Rascal, Un mois en Italie et plusieurs autres titres sur le leadership et le succès. Il a vendu près de 2 millions de livres en 9 langues. Chris est le PDG et directeur créatif de la plateforme Life. Il est également l'éditeur exécutif d'Obstacles Press et l'un des fondateurs de All Grace Outreach, une organisation caritative 501(c)(3). Chris figure dans le Top 50 des experts en leadership et en gestion, du Inc. Magazine, et fait partie des 100 meilleurs auteurs à suivre sur X/Twitter. En 2017, il a figuré sur la liste des Top 200 auteurs les plus influents au monde, établie par Richtopia. Chris siège aux conseils d'administration des organisations à but non lucratif suivantes : Italy for Christ, Wisdom International, All Grace Outreach et Triangle Literacy Council. Chris et sa femme Terri ont quatre enfants adultes et deux petits-enfants et vivent en Caroline du Nord.